監修者――五味文彦／佐藤信／高埜利彦／宮地正人／吉田伸之

［カバー表写真］
藤原宮跡の発掘遺構

［カバー裏写真］
藤原宮から香具山を望む

［扉写真］
藤原宮出土の木簡

日本史リブレット 6

藤原京の形成

Terasaki Yasuhiro
寺崎保広

目次

はじめに

日本で最初の都市はいつ頃どこで成立したのか、という問題が近年様々に議論されている。大阪府・池上曾根《いけがみそね》遺跡▲のような例を弥生時代の「都市」であったとか、あるいは青森県・三内丸山《さんないまるやま》遺跡▲をもって、すでに縄文時代から「都市」が成立していたという説もある。しかし、私はそうした議論に対して、七世紀の末に奈良県橿原市に造られた藤原京が最初の都市であると答えることにしている。以下①章では、まずその理由をあげながら日本における都市の成立を考えてみよう。

②章〜⑤章では、その藤原京をめぐる様々な問題について、近年の研究と発掘調査の成果をふまえながら、説明を加えることとする。

▼**池上曾根遺跡**　大阪府和泉市・泉大津市にある弥生時代中期の環濠集落遺跡。環濠は径三〇〇メートルほどで、中央には大型掘立柱建物などが検出された。その人口は一〇〇〇人にのぼるとも推定されている。

▼**三内丸山遺跡**　青森市郊外で発掘された縄文時代中期の大集落遺跡。広さ三五ヘクタールの面積に五〇〇人ほどの人びとが住んでいたと推定されている。

①——古代都市の成立

宮の固定

七世紀以前の日本のミヤコは、天皇▲の代替わり毎に移転するのが常であった。たとえば、雄略《ゆうりゃく》天皇は泊瀬《はつせ》朝倉宮《あさくらのみや》(奈良県桜井市)、欽明《きんめい》天皇は磯城《しき》嶋金刺宮《しまのかなさしのみや》(同上)、用明《ようめい》天皇は磐余《いわれ》池辺《いけべ》双槻宮《ふたつきのみや》(同上)といった具合である。これを「歴代《れきだい》遷宮《せんぐう》」という。本来ミヤコとは宮のある処、つまり天皇の居る場所を示す言葉であったから、天皇が代われば次の天皇の居所が新たなミヤコとなるのであり、当然といえば当然である。

その頃の政治のあり方は、大和朝廷を構成する有力な豪族(氏族)がいくつかあって、彼らが氏族ごとに定まった仕事を分担しながら、全体として朝廷の運営にあたっていた。蘇我氏は朝廷の蔵の管理、物部氏は軍事や武器の保管、中臣氏は宮廷の祭祀を担当するといった具合である。有力な豪族たちはそれぞれ大和を中心として畿内各地に本拠地をもち(図1)、普段はそこに居住しており、必要があれば天皇のもとへ集まって国政を審議するというものであった。実際

▼**天皇**　天皇という呼称は七世紀後半に成立したと考える。したがってそれ以前は厳密には「大王」と称すべきであろうが、煩雑をさけるため、以下では「天皇」の語を用いる。

●──図1　大和における豪族の分布

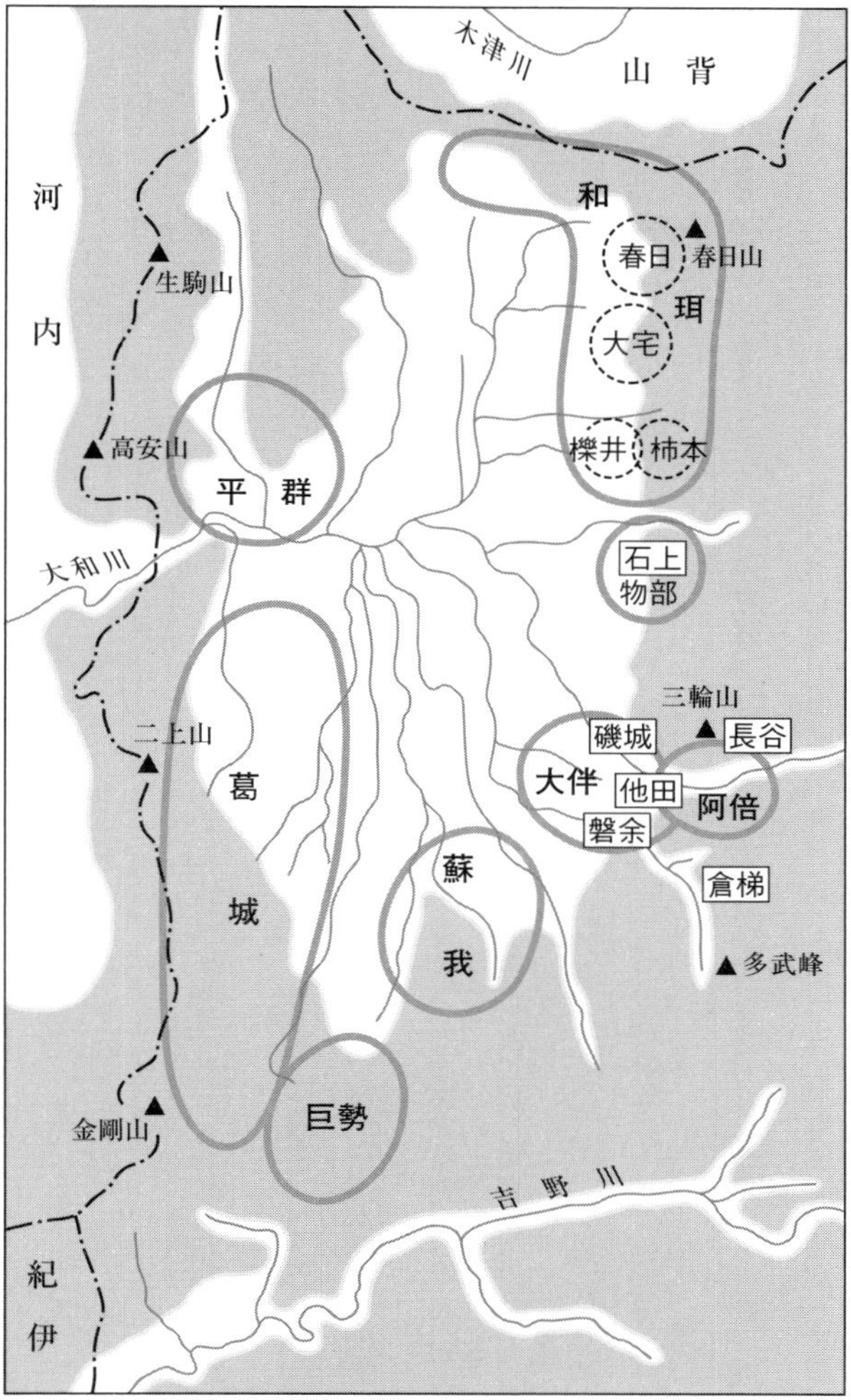

岸俊男『日本の古代宮都』より作成。

に仕事を進める時は、氏族が単位となっていたから、人や組織はそれぞれの氏族の所に分散しており、天皇の居るミヤコ自体はそれほど大きなものでなくとも事足りたはずである。したがって、ミヤコを移転することも比較的容易であったろう。

ところが、推古《すいこ》天皇の時代つまり六世紀末から七世紀初頭頃になると、しだいに全国を支配するための朝廷の組織が大きくなり、それが天皇の居所近くに集中するようになってきたものと思われる。いわゆる「聖徳太子の政治」とされるものの実態については様々な議論があり、『日本書紀』に記すように、聖徳太子が主導的な立場で十七条の憲法や冠位十二階などを制定し、蘇我氏をはじめとする豪族たちに対抗したというのは、そのまま事実と認めることはできない。しかし、六世紀における大和朝廷による全国支配が大きく進展し、それに伴って朝廷の組織がこの頃に整備されてきたことは、間違いのないところであろう。

五九二年十二月、推古天皇は飛鳥の豊浦宮《とゆらのみや》(奈良県明日香村)で即位し、後に小治田宮《おはりたのみや》(明日香村)に移った。そして、これ以後、六九四年に持統《じとう》天皇が藤原宮(橿原市)に遷都するまでのおおよそ一〇〇年の間は、従来どおり天皇の代替わり毎に宮をしばしば移してはいるものの、その遷宮された場所が基本的に大和の飛鳥という極めて狭い範囲に限られるようになるのである。「飛鳥時代」と言われるゆえんである。その間に、飛鳥の一帯には有力な豪族や皇族がしだいに集まり住むようになり、また様々な政府の機関が設置されていった、と推定される。そうなると逆に、天皇が宮を移そうとした場合、飛鳥から遠く離れた土地に宮を構えることが、実際には困難になってきたのであろう。したがって、この一〇〇年間は歴代遷宮という形態をとりながら、実は飛鳥という一定の地域に宮が固定されつつあった段階と言って良い。

　六四五年六月、大和朝廷の最有力豪族であり、大きな権限を持っていた蘇我《そがの》入鹿《いるか》が暗殺され、中大兄皇子や中臣鎌足らが中心となって新たな政権ができあがった。いわゆる大化改新▲のはじまりである。新政権は、当時の緊迫した東アジア情勢に対応するために、権力をより集中させる必要性を感じ、そのために天皇を中心とする中央集権的国家を建設しようとした。そして、従来の豪族らによる私地私民制を廃し、公地公民制に基づく支配へ、という転換を図ったのである。

▼**大化改新**　六四五年の蘇我入鹿討滅事件(乙巳の変)を始まりとし、翌年の大化改新詔を基本方針とし、白雉《はくち》年間(六五〇〜六五四)頃まで実施された政治改革の総称。以後律令国家へ向かう方向づけをしたといえるが、第二次大戦後の研究では、『日本書紀』の描く大化改新詔には後世の修飾が大きいとする評価が一般的である。

その改革の第一歩は、宮を飛鳥から離れた所に移すことであった。すなわち同年十二月の難波長柄《なにわながら》豊碕宮《とよさきのみや》（大阪市中央区）への遷都である。翌年正月に難波で出された新政権の方針が大化改新の詔である。宮はしばらく後に飛鳥へ戻るが、律令国家への転換は、それから半世紀をかけて徐々に進められ、完成をみるのが七〇一年の大宝律令の制定である。

七世紀後半の政治の動きをここで細かく論ずる余裕がないが、紆余曲折を経ながら、二官八省一台五衛府《えふ》という形で完成する中央官職体系ができあがり、地方ではクニ―コオリ―サトという行政組織と戸を単位とする公民の把握、班田収授法にもとづく租税制度の確立など、社会の各方面で制度の改革が進められた。その間の都は、天智《てんち》天皇が近江大津宮（大津市）にあった一時期を除けば、斉明《さいめい》天皇の飛鳥板蓋宮《いたぶきのみや》（六四三〜六五五年）、後飛鳥岡本宮《のちのあすかおかもとのみや》（六五六〜六六七年）、天武《てんむ》天皇の飛鳥浄御原宮《きよみはらのみや》（六七二〜六九四年）と、再び継続して飛鳥に営まれたことがわかる。

ところで、右にあげた飛鳥を冠する三つの宮が、実は同一の場所であり、そこに造替をしながら繰り返し営まれたことを主張する説が、小澤毅によって提唱された（小澤一九八八）。すなわち、伝飛鳥板蓋宮跡▲とされる場所の発掘調査によれば、その遺構はⅠ・Ⅱ・Ⅲ期に大別され、さらにⅢ期はＡ・Ｂ期に細分できることから合計四期に分けられ、それぞれ構造の異なる遺構が重複して確認される。そして、各遺構のおおよその年代は、Ⅰ期が七世紀の第２四半期、Ⅱ期が七世紀中葉、Ⅲ期（Ａ・Ｂ期）が七世紀中葉から後半とおさえられる。すると、これを先にあげた飛鳥を冠する宮の年代にあてはめると、ちょうどⅡ期＝板蓋宮、ⅢＡ＝後岡本宮、ⅢＢ＝浄御原宮が該当し、それに先行するⅠ期は舒明《じょめい》天皇の飛鳥岡本宮（六三〇〜六三六年）に当てて考えられるというのである。詳しくは小澤論文を参照してもらうとして、現在ではきわめて有力な説として認められている。

つまり、この遺跡は、間に断絶があるものの、舒明―斉明―天武の宮として継続して営まれた宮殿跡であったことになる。このことは、斉明朝以後になると、それまで以上に中央官庁が整備され、その規模も格段に大きくなったものと推定され、それが天皇の居所の周辺に集中していった状況を示し、ちょうど中央集権的な政治体制の歩みと一致する動きと見て良い。斉明天皇は、多武峰《とうのみね》▲に

▼伝飛鳥板蓋宮跡　奈良県明日香村岡にある国史跡。飛鳥寺南方にあり、板蓋宮の跡と言い伝えられてきた。一九六〇年より橿原考古学研究所が発掘調査をすすめ、七世紀の宮殿跡であることを確認した。敷石遺構など一部は復元整備されている。

▼多武峰　飛鳥の東方で、桜井市南部にある山塊。斉明天皇の両槻宮の場所は不明。その後、藤原不比等の子、定恵《じょうえ》が父の墓をここに移したと伝え、九世紀には多武峰寺となる。明治の神仏分離令以後は談山神社となり、現在にいたる。定恵建立という十三重の塔などが現存する。

両槻宮《ふたつきのみや》を造ったり、香具山《かぐやま》の西から石上山《いそのかみやま》にかけて人工の溝を掘削したりと、盛んに土木工事を行なったことで有名で、そのことが批判もされているが、一面では、そうした工事が必要な状況にあったとも言えよう。ここにいたると、もはや歴代遷宮とは名ばかりのもの、というべきであろう。

壬申《じんしん》の乱▲を勝ち抜き、六七三年二月に即位した天武天皇は、とりあえず後岡本宮を増築した浄御原宮で政治を進めるが、以後、天皇の強力な主導のもとに律令国家建設が推進される。その一環として、天武は本格的な都城の造営を計画し、一部着手することになる。その完成された姿が藤原宮なのであり、これはもはや天皇の代替わりと関わりなく営まれる、初めての固定された宮であった。藤原宮は、その規模においても構造においても、浄御原宮とは歴然たる違いがあったと推定されるのであり、結果的に持統・文武《もんむ》・元明《げんめい》の三代の宮で役目を終えるとはいえ、「恒久的な宮」として平城宮以降のわが国の宮の祖型をなすものと言って良い。

▼壬申の乱　天智天皇没後の六七二年に、皇位継承をめぐって、弟の大海人《おおあま》皇子と天智の子大友皇子とが争った大規模な内乱。大海人皇子が迅速に東国を抑えたことにより優位に戦いをすすめ、大友は自害した。翌年、大海人は即位して天武天皇となった。大友方についた有力氏族の多くが没落し、権力を握った天武はその後、中央集権的国家の実現に向かうこととなる。

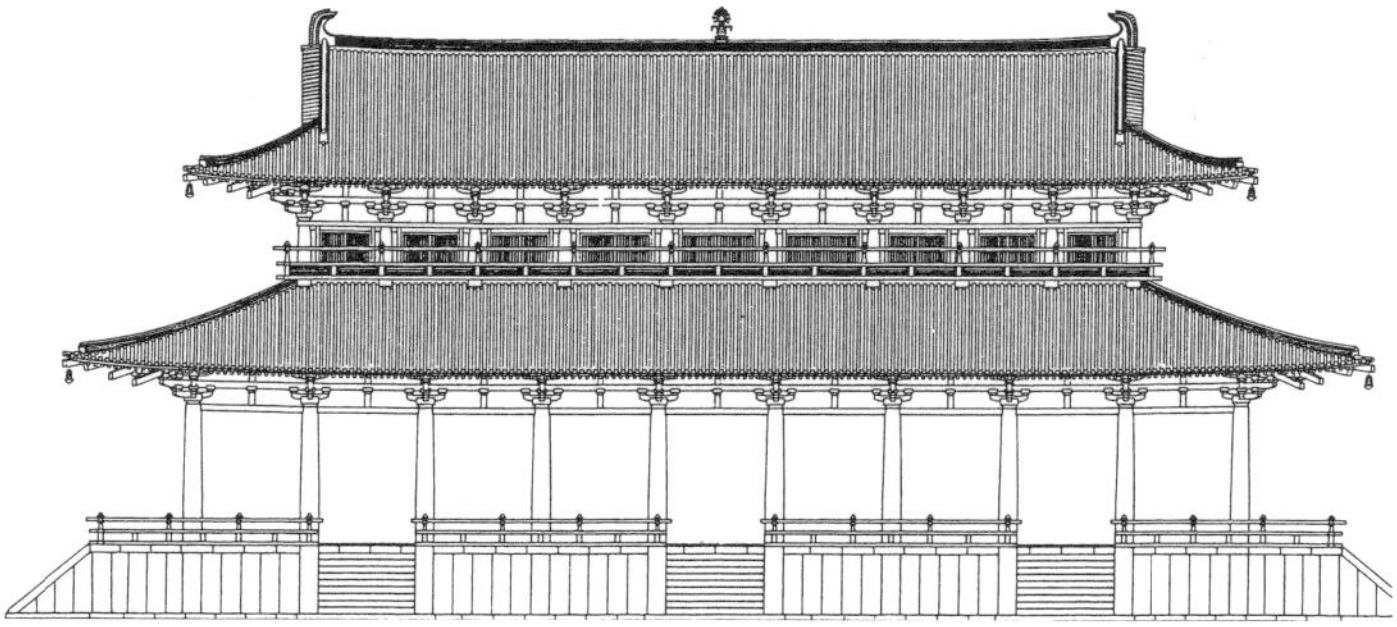

●——藤原宮大極殿復元図

大極殿の成立

つぎに、藤原宮の意義としてあげるべきは、宮内の中心的な建物、大極殿《だいごくでん》が初めて成立したと考えられることである。大極殿とは、国家的な儀式の際に天皇が出御《しゅつぎょ》する殿舎で、宮の中で最も重要かつ大規模な建物である。

都城史の中で、大極殿がいつ成立したのかという問題は議論が分かれている。『日本書紀』によれば「大極殿」は、皇極四(六四五)年を初例として朱鳥元(六八六)年までに五例見える。これをそのまま信用すれば、飛鳥板蓋宮あるいは飛鳥浄御原宮には大極殿があったことになる。一方、発掘調査に基づき、浄御原宮(伝承板蓋宮跡ⅢB期、図2)の東南部で検出した大規模な建物「エビノコ大殿」(エビノコ郭の正殿・SB七七〇一)をもって天武朝の「大極殿」にあてる見解も有力である。しかし、用語の信憑性に問題の多い『書紀』をいったん離れ、大極殿とは何かという、その属性にこそ注目すべきであろう。

奈良時代以降の大極殿は、天皇が即位する建物であり、毎年元旦に天皇が臣下から年始の挨拶を受ける朝賀《ちょうが》の場であり、外国使節を応対する時に天皇が着座する建物であった。特に即位と朝賀は朝廷行事の中で最も重要な儀式であり、

●—図2　浄御原宮遺構図

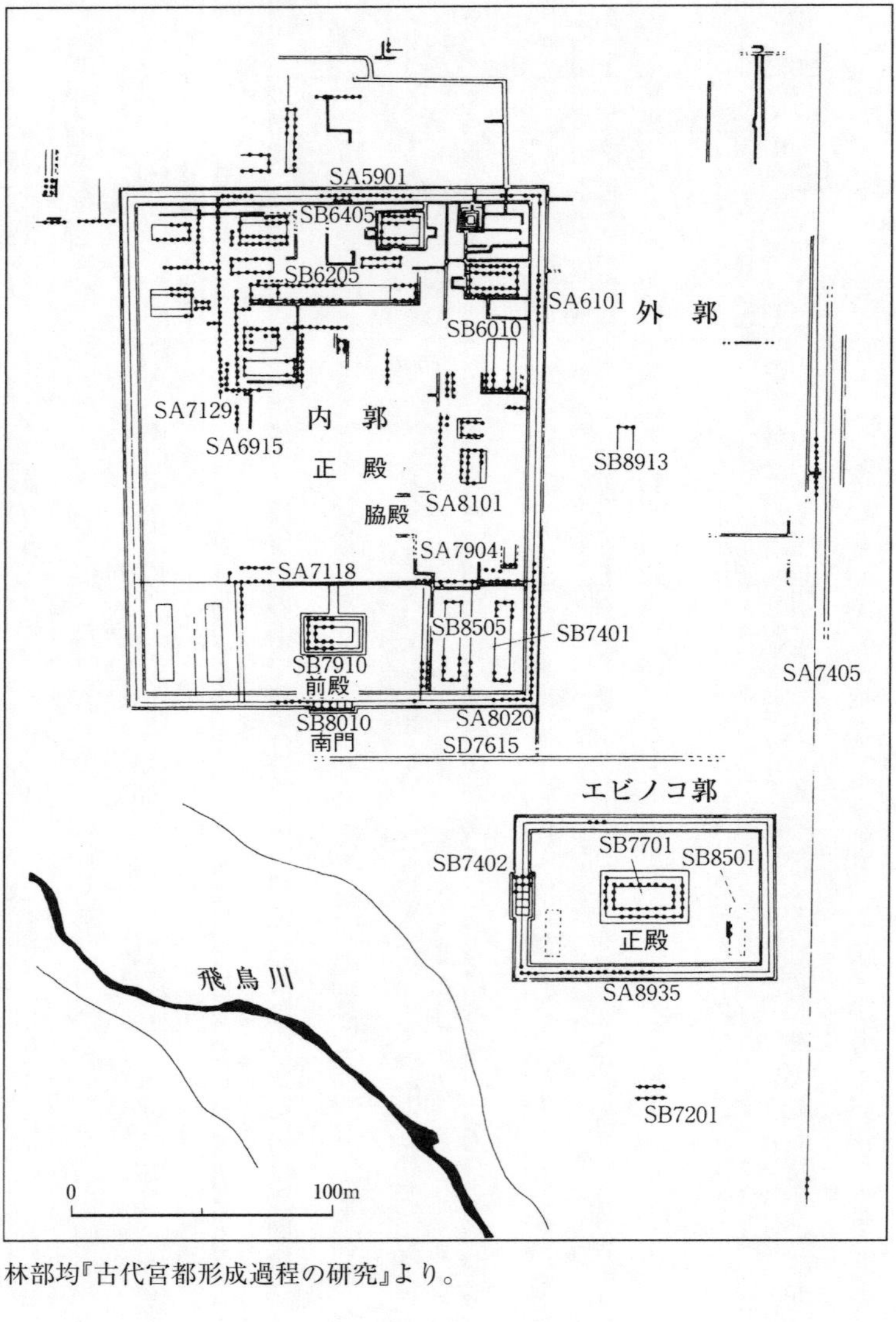

林部均『古代宮都形成過程の研究』より。

天皇の着座する大極殿はいわば天皇を象徴する殿舎なのである。大極殿の南には官人が着座する十二堂の朝堂《ちょうどう》が配され、また朝堂に囲まれた中央部は官人が列立する朝庭《ちょうてい》であった。つまり大極殿はそうした朝堂院の正殿でもあり、天皇が起居する内裏《だいり》から出御して、臣下と接する国家的政務・儀式の場であった。

『書紀』に見える「大極殿」の用例を後世のそれと比べると、天皇の即位、朝賀の例が一例も見られないことは重要な相違点である。また、遺構として確認された「エビノコ大殿」の南には広大な朝庭をとるスペースがなく、朝堂院の正殿と見ることも難しい。何よりも、大極殿は天皇による公的儀式の成立を前提とすべきであり、天武朝は未だその形成過程と見るべきであるから、宮の構造として明確な形をとるのは藤原宮からと考えるのが妥当であろう(図4参照)。

京の成立

藤原宮のもう一つの大きな意義は、宮の外側に碁盤目状の道路によって区画された条坊を設け、そこに官人たちを居住させた京、すなわち「藤原京」を伴う宮であったという点である。これは、官人の勤務形態から見ると、中央集権化されることによって、自分の所属する官司に毎日勤務することが必須の条件となり、彼らが宮の近辺に居住することが求められた結果に他ならない。つまり、「大和朝廷」から「律令国家」への転換は、それまで豪族の配下で仕事をしていた者たちが直接天皇に仕える官僚へと転身することを意味し、毎日、天皇のもとにあった役所に通うことによって俸禄を得るという方式にかわったのである。

藤原宮以前、たとえば浄御原宮での官人のあり方がどうであったかを直接示す史料はないが、さきほど述べたように、宮の位置がほぼ固定し、そこに官司が集中してきている状況であれば、おそらくは官人たちも宮に比較的近い場所に居住するようになってきたもの、と推定することができる。したがって、七世紀後半の飛鳥地方はかなり人口密度の高い場所となっていたであろう。また、人口集中に伴う各種施設もできたであろうから「都市的空間」が形成されていた、という評価も可能である。しかし、飛鳥においては、計画的な直線地割、道路によって区画された痕跡といった方画地割《ほうかくじわり》が全く確認されていない。この点が、条坊によって区画された藤原京との大きな違いである。

つまり、官人が必要に応じて徐々に集まり住むようになって形成された段階

▼**近江大津宮**　天智天皇が近江の志賀に造営した宮。称制していた中大兄皇子は、白村江の戦いに敗れた後、六六七年に近江大津宮に遷都し、翌年即位した。壬申の乱まで数年間の宮である。大津市錦織《にしこおり》を中心とする一帯にあったこ

と異なり、藤原京は官僚を住まわせるための空間を政府が用意し、そこに官人の居住を強制するという政治的な意図を強くもっていたのである。またその京域は、天皇の宮を中心に置き、その周囲に碁盤目状に拡がるという構造であり、きわめて規則的・人工的な都市なのであり、そうした京を造営するということは、それ以前とは大きく段階を異にすると見るべきであろう。

実は、藤原京がわが国で初めての条坊をもつ都城であるという点は、現段階では断言はできない。藤原京よりも古い近江大津宮▲や前期難波宮▲に伴う「京」が今後発見される可能性も否定できないからである。しかし、右に述べたような京成立の必然性から見て、私は藤原京が最初の条坊▲を持つ都城とみて良いと考えている。

冒頭の話に戻すと、「都市の成立」というテーマは「都市」をどう定義づけるかによって、様々な答えがあり得るものと言える。たとえば、周辺部と比べてはるかに人口の集中する場所が成立し、そこで大規模な祭祀なども行なわれた、ということを「都市」の定義とすれば、「縄文都市」「弥生都市」も十分に成り立つ。しかし、私は単に人口が集中する場の成立に止まらず、そこにすむ住民のあり

とが発掘調査によって明らかになりつつあるが、全容の解明にはまだしばらくかかりそうである。

▼前期難波宮　大阪市中央区法円坂町にある宮殿遺跡。発掘調査によると、この宮殿遺跡は大きく前期と後期に分けられ、後期は聖武天皇が造営した難波宮にあたり、前期は七世紀に遡る。その場合、これを孝徳天皇の白雉三(六五二)年に完成した難波長柄豊碕宮にあてる説と、天武十二(六八三)年造営の難波宮にあてる説が対立している。現在では前者が有力である。

▼最初の条坊　『書紀』天武十二年条に副都として難波に都を造ったことが見えるが、その時に京が造営された可能性は高い。しかし、後述するように、藤原京の条坊はこれより先行しており、またこの史料自体が首都の存在を前提としているから、工事が並行して進められたとしても、藤原京を最初の条坊制都城とみて良い。

方も含めて問題とすべきだと考える。それは簡単に言えば、生産活動に直接従事しない人びとが多数そこに住んでいること、つまり農・漁業を離れて消費生活を営む「都市住民」の存在が不可欠だと思う。それがなければ、たとえ多くの人口を抱えようとも、それは「都市」ではなく「巨大な村」といった評価がなされるべきではなかろうか。

そうした点で、天皇のもとに多数の官人が半ば強制的に居住させられ、そこから毎日官司に通うという官僚の存在、そしてその官僚が中心的な住民となる藤原京こそ、わが国初の「都市」と呼ぶにふさわしいと考える。そこで成立した都市は、のち平城京—長岡京—平安京と日本における都市の流れの祖型として受け継がれるのであり、「縄文都市」「弥生都市」がその後どういった変遷をたどり、次の「都市」へどう受け継がれたのかが不明確であるのと対照的である。

このように、歴史的に見て極めて重要な都であるが、たとえば、高校日本史の教科書などを見ると、平城京などに比べて扱いが格段に小さい。平城京はあくまでも藤原京を踏まえて造られた都であり、従来は、規模の大小から、平城京は藤原京を大きく拡大・発展させたものという見方であったが、本文で述べるように、大きさにおいても遜色ない本格的な都城であったことが明らかになりつつある。つまり藤原京と平城京との違いよりも、はるかに大きな断絶が藤原京とそれ以前とに認められるのである。以下ではそうした点に注意を払いながら、藤原京の研究を紹介し、問題点について検討を加えていこう。

②藤原宮の調査

持統天皇

朱鳥元(六八六)年九月、天武天皇が没した。皇位継承者は天武の子で皇太子の草壁皇子《くさかべのみこ》と見なされたが、諸般の事情により、すぐに即位することはできなかった。翌十月に早くも事件が発生。大津《おおつ》皇子による「謀反」の発覚である。大津皇子も天武の子で、母は天智天皇の娘太田皇女、草壁の母の鵜野《うの》皇女の姉にあたる。年齢は草壁皇子より一歳年少であるが、血筋に優劣はなく、人望、政治的力量、身体の健康面、いずれの点でも草壁皇子より優れていたらしい。いわば皇太子につぐ地位にいた有能な皇族であるが、それが謀反の疑いで死去するということは朝廷にとって、極めて重大な事件というべきであろう。二年以上に及ぶ天武天皇の服喪期間が終わり、不穏な状況もしだいに落ち着きを取り戻し、いよいよ草壁の即位かと見られた頃、突如、草壁皇子は病死してしまった。六八九年四月のことである。そこで、翌年正月に即位したのは、草壁皇子の母であり、天武の皇后であった鵜野皇女で、即位して持統天皇となった。

●天武天皇関係系図

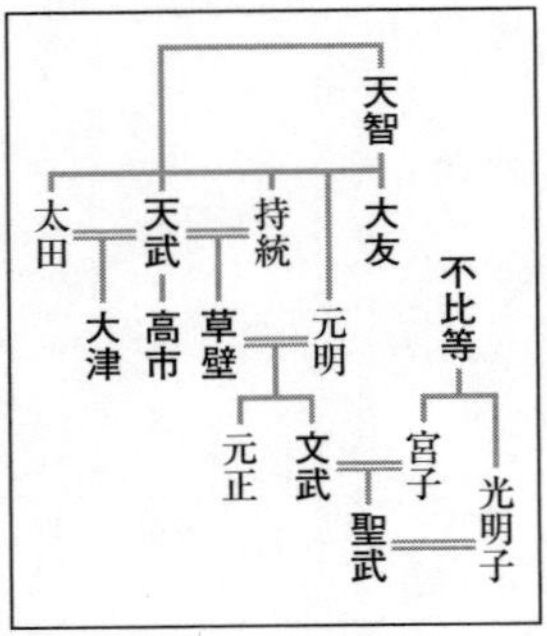

持統の即位は、草壁皇子の遺児であった軽《かる》皇子の成長を待ち、成人となって天皇位につくまでの間の繋ぎの役目を果たすため、とされている。その軽皇子が後に即位して、文武天皇となるのは六九七年八月であり、その間の約一〇年が持統天皇の時代ということになる。持統天皇は、しかしたんに時間稼ぎをしていたわけではない。というのは、この時期、持統は夫の天武が敷いたレールをひた走るように、国家としての重要な政策や制度改革を次々に打ち出してゆくのである。その中でも特に注目すべきは、六八九年六月の浄御原令《きよみはらりょう》の完成と、六九四年十二月の藤原宮遷都である。前者は七〇一年の大宝律令に発展し、後者は七一〇年の平城宮遷都にいたる。つまり、持統朝の一〇年間こそが律令国家の完成にいたる時期なのである。

日本で最初の正史『日本書紀』の記事は、この持統天皇の時代を最後とし、文武天皇即位で巻を閉じ、『続日本紀』がこれを受け継ぐこととなる。

藤原宮の位置

藤原宮がどこにあったのかという点については、長い間の論争があった。

▼賀茂真淵　（一六九七〜一七六九）江戸時代中頃の国学者であり、歌人でもある。一七六〇年に著した『万葉考』の中で藤原宮の位置を考定した。

▼本居宣長　（一七三〇〜一八〇一）江戸時代中後期の国学者。代表的な著作は『古事記伝』である。藤原宮については、紀行文『菅笠日記』や『古事記伝』に記述がある。

▼扶桑略記　平安時代末期に成立した歴史書。編者は比叡山の僧皇円《こうえん》とされる。神武天皇から堀河天皇の一〇九四年までを編年体で記録している。

▼釈日本紀　鎌倉時代後期に編纂された『日本書紀』の注釈書。編者は卜部兼方《うらべかねかた》。平安時代以来の『書紀』研究を集大成したもの。

『万葉集』に収録された「藤原宮御井歌《みいのうた》」によれば、藤原宮が耳成《みみなし》山・畝傍《うねび》山・香具《かぐ》山の大和三山に囲まれていることがうかがえるから、おおよその位置はわかるが、細かい場所については、二カ所の候補地があった。江戸時代中期の国学者・賀茂真淵《かものまぶち》▲は高殿《たかどの》村の大宮殿という地（橿原市高殿町）にある土壇状の高まりが宮の中心だとする説を唱え、本居宣長《もとおりのりなが》▲らの賛同を得たが、大正初めになって喜田貞吉《きたさだきち》はそこより西北方約七〇〇メートルの醍醐《だいご》村長谷田《はせだ》（橿原市醍醐町）が中心部だとする説を述べたのである。

喜田の根拠は、『扶桑略記《ふそうりゃっき》』▲や『釈日本紀《しゃくにほんぎ》』▲によると、藤原宮は「鷺栖坂《さぎすざか》」の北にあると記しており、鷺栖坂を現在の鷺栖神社付近とすると、大宮殿では東に寄りすぎること、また、喜田による藤原京復元（図3、後述する）を基にし、宮をその北端に置くとすると、大宮殿ではやや南すぎることなどである。長谷田にもやはり土壇が残り、古瓦も散在することから、この喜田説は一躍有力な説として取り上げられることとなった。

その後も藤原宮の位置をめぐる議論が続けられたが、発掘調査によって決着がつけられた。

●──**藤原京の復元模型**　中央が藤原宮、その北に耳成山、東に香具山がみえ、畝傍山は西方に位置する。

●──藤原宮御井歌

『万葉集』巻一──五二番の長歌。

「やすみしし　わご大王《おおきみ》　高照らす　日の皇子　荒《あら》たへの　藤井が原に　大御門《おおみかど》　始め給ひて　埴安《はにやす》の　堤の上に　あり立たし　見《め》し給へば　大和の　青香具山《あおかぐやま》は　日の経《たて》に　大御門に　春山と　繁《しみ》さび立てり　畝火《うねび》の　この瑞山《みずやま》は　日の緯《よこ》の　大御門に　瑞山と　山さびいます　耳成《みみなし》の　青菅山《あおすがやま》は　背面《そとも》の　大御門に　宜《よろ》しなべ　神さび立てり　名くはし　吉野の山は　影面《かげとも》の　大御門ゆ　雲居にそ　遠くありける　高知るや　天《あま》の御影《みかげ》　天知るや　日の御影の　水こそば　常《とこしえ》にあらめ　御井《みい》の清水《ましみず》」

　ここに大和三山が詠み込まれていることが、藤原宮の位置を考える手がかりとされてきた。

●—図3　喜田貞吉復元藤原京域

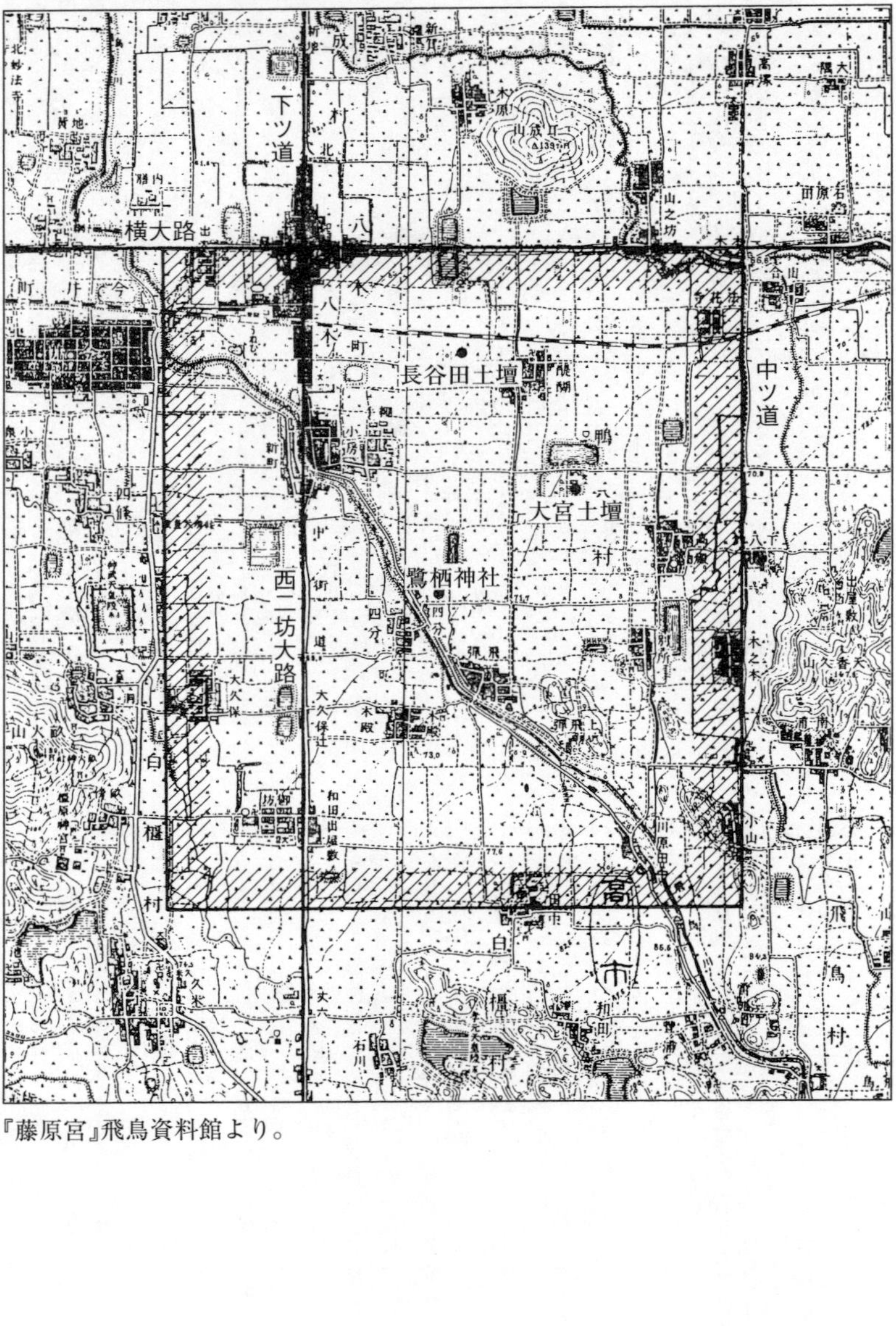

『藤原宮』飛鳥資料館より。

●――図4　日本古文化研究所による朝堂院平面図

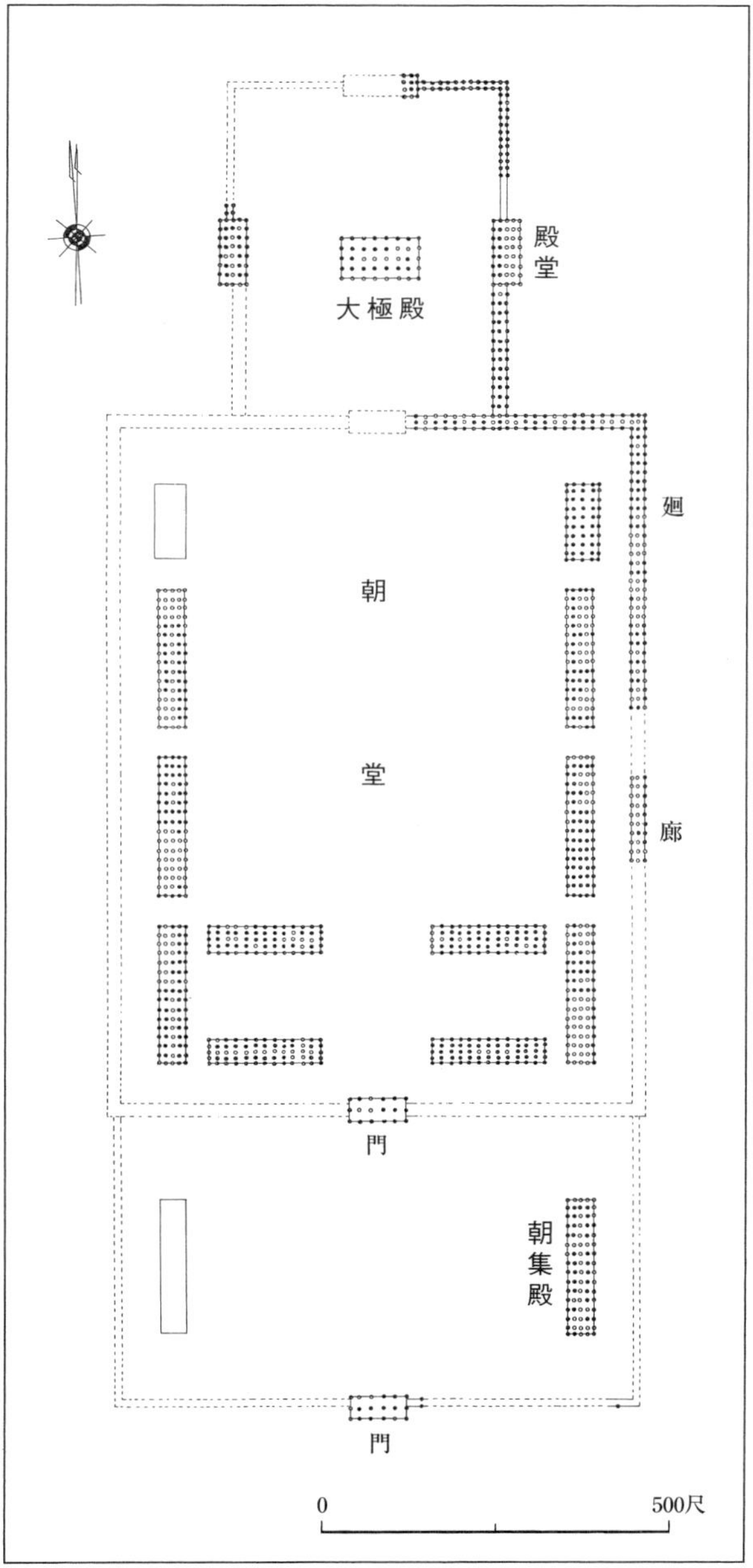

『藤原宮阯伝説地高殿の調査2』日本古文化研究所より。

▼**黒板勝美**　(一八七四〜一九四六)大正から昭和前期に活躍した歴史家。東京帝国大学教授と史料編纂官を兼ね、日本史教育と史料収集、文化財の調査や保存にも指導的役割を果たした。

それは、黒板勝美《くろいたかつみ》▲が創設した日本古文化研究所によって、昭和九(一九三四)年から開始された発掘調査である。調査主任は建築史家の足立康《あだちこう》で、彼は高殿の「大宮土壇」説に立って周辺の地形図を作成し、地名の検討などを踏まえ、トレンチを入れていった。この調査で足立は、建物の礎石の下に据えた人頭大の石(根石)を手がかりとして、次々と建物の柱位置を突き止め、それを図面にまとめると、建物は平安宮と同様の朝堂院にあたること、その正殿となる大極殿がまさに「大宮殿」の土壇状高まりに一致することを明らかにしたのである(図4)。

日本古文化研究所の調査は、足立の死と太平洋戦争の進展によって、昭和十八年に終了するが、その成果によって、藤原宮の中心が高殿の「大宮土壇」にあたる大極殿であったことが確定し、醍醐の「長谷田土壇」を主張した喜田説は成立困難となった。

藤原宮を対象とした発掘は、戦争による中断の後、昭和四十年代に再開された。すなわち、国道一六五号線建設予定地の事前調査として昭和四十一年から四十三年にかけて、奈良県教育委員会の手によって実施されたのがそれである。

この調査では、藤原宮の北辺部分が検出されるとともに、初めて木簡が出土するという発見があった。藤原宮木簡の内容については後に③章で述べることとするが、この時に発見された二〇〇〇点余の木簡の中に、乙未年(持統九＝六九五)、己亥年(文武三＝六九九)といった干支による七世紀の年紀と、大宝二(七〇二)年、和銅二(七〇九)年といった年号による八世紀初頭の年紀をもつ木簡が含まれ、年代がちょうど藤原宮期と合致した。他に内裏に関わる内容の木簡などもあり、この場所が藤原宮に間違いないこと、また、平城遷都直前まで宮が移転することなく同地に存続したことが、ここに確定したのである。

こうした大きな成果をあげたことと関係者の多大な努力により、国道の建設計画は当初の予定路線を変更し、藤原宮を避けるルートを通ることになった。県教委の調査は宮の北辺、東辺、西辺に及び、約九〇〇メートル四方という、藤原宮の範囲も判明した。岸俊男は、この木簡の調査を担当するとともに、確定した藤原宮の位置を基にして、喜田以来議論が続けられてきた藤原京域の新たな復元案を考定し、以後の藤原京研究の指針となった。藤原京についても④章で改めて述べることとし、しばらくは藤原宮についての検討を続けよう。

藤原宮の発掘調査は昭和四十四年から奈良国立文化財研究所（奈文研）に引き継がれ、現在にいたっている。奈文研による調査は、宮の四周と門の位置の確認、宮内の諸施設、特に朝堂院よりも東北方の官衙《かんが》、西南方の官衙などの様子が明らかになりつつある。これまでに発掘調査された面積は、藤原宮域全体の約一割に達している。また合計すると八〇〇〇点近い木簡がこれまでに出土しており、藤原宮の時代を考えるための重要な手がかりを提供するにいたっている。

藤原宮の構造

前項で紹介した調査によって明らかになった藤原宮の姿は、おおよそ次の通りである。

宮の大垣と宮城門　宮の四周は掘立柱を芯として土壁をつけた瓦葺きの大垣で囲まれている。大垣の柱間は九小尺（二・六六メートル）間隔で、大垣の高さは約五・五メートルに復元される。大垣の内側と外側には濠《ほり》がめぐっており、そこから木簡などがまとまって出土した。大垣に囲まれた範囲は正確には、東

●図5　宮の地割元図　『藤原宮』飛鳥資料館より。

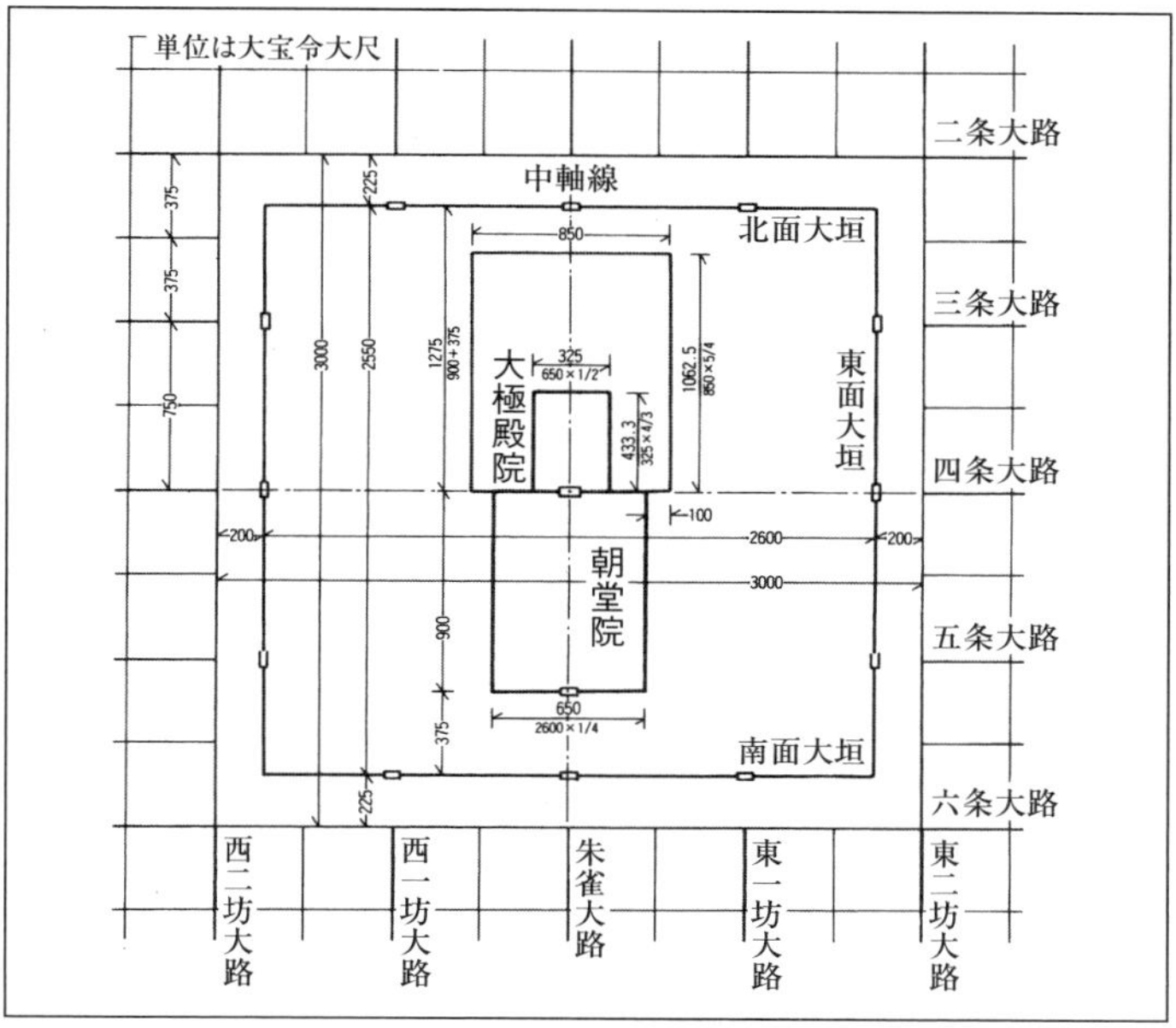

●図6　藤原宮復元図

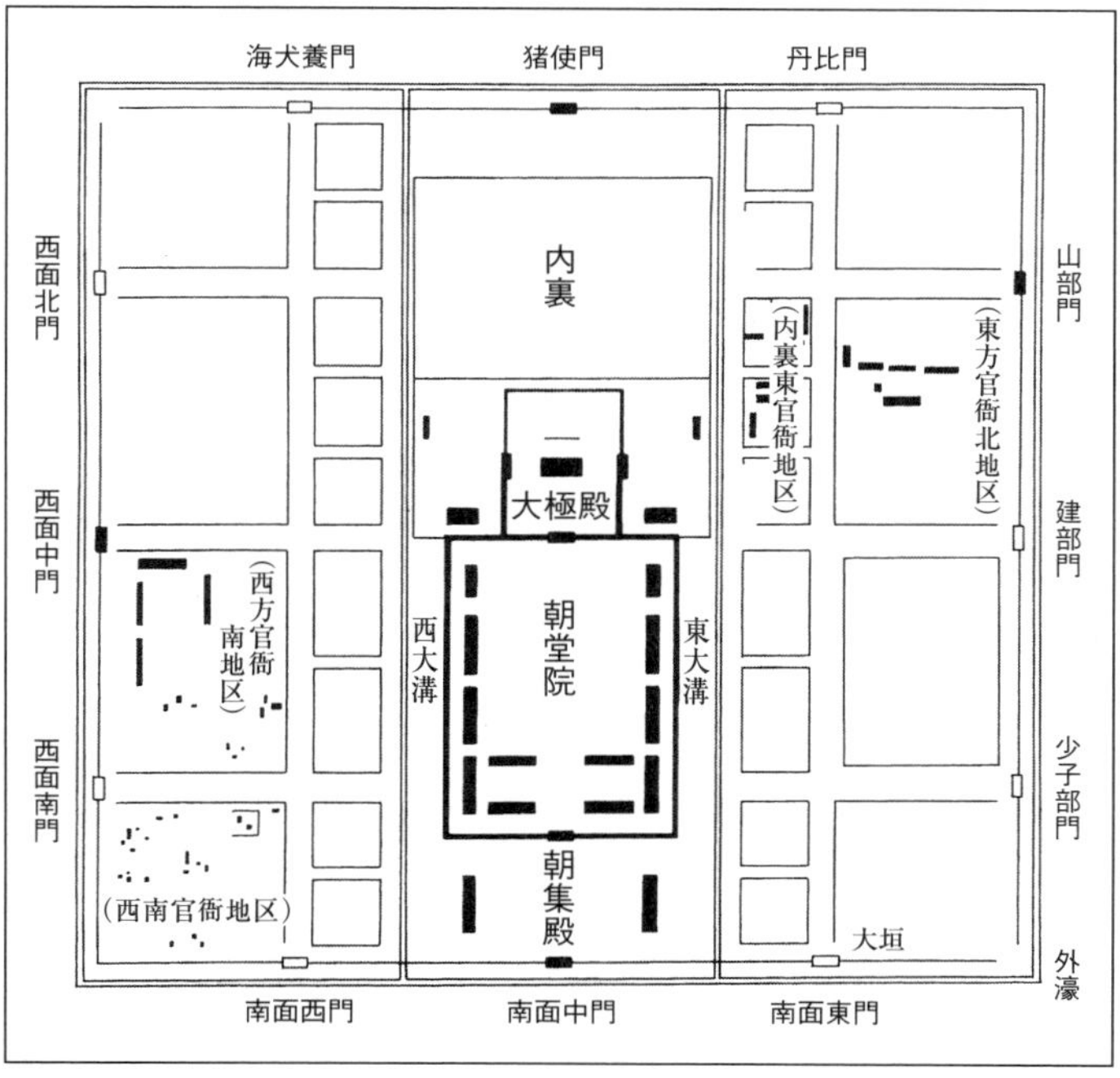

▼**大尺と小尺**　古代の尺度には大小二種類あり、土地の測量などには大尺を用いた(養老雑令度地条)。大一尺＝小一・二尺＝三五・四センチとなる。実際にこの規定が実施されたことについては井上和人(一九八四)が詳細に論じている。

西九二五メートル(二六〇〇大尺▲)、南北九〇七メートル(二五五〇大尺)となる。この大垣から周辺の条坊道路までの間には、幅広い空閑地(外周帯)があり、その幅は東西が二〇〇大尺、南北が二二五大尺である(図5)。

大垣の各面に各々三門、合計一二の宮城門が開く。それらのうち北面中門・東面北門・南面中門・南面西門・西面南門・西面中門の六つが調査されている。いずれも同規模で、桁行五間、梁間二間で、桁行総長は約二五メートルとなる。平城宮のように、朱雀門にあたる南面中門が特に大規模というわけではない。古代の宮城門にはそれぞれ固有の門号が付いているが、藤原宮でも木簡などから氏族名を冠する門号だったとみられ、図6に示したような門号があてられる(固有の門号が確認できていない門は「西面北門」のように表記している)。

大極殿院　藤原宮の大極殿とそれを囲む回廊は日本古文化研究所による調査で検出され、大極殿は礎石建ち瓦葺きの基壇建物である。その規模について、日本古文化研究所は正面七間(約三四メートル)、側面四間(約一八メートル)としたが、その後、再検討した結果、奈良国立文化財研究所は正面九間(約四四メートル)、側面四間(約一九メートル)と修正した。これは後の平城宮の朱雀門《すざくもん》北に

位置する第一次大極殿に匹敵する規模と構造をもっている。▲

大極殿院の回廊は、東西約一一五メートル、南北約一五五メートルあり、南に大極殿門が開く。この大極殿門が、藤原宮のちょうど中心に位置する。大極殿院自体が大きくは内裏外郭に含まれ、この門は大極殿院の門であるとともに、内裏の正門でもある。またこの門の南に官人の着座する朝堂院が拡がるという形であるから、宮の北半を天皇の空間、南半を臣下の空間と見て、ちょうどその結節点に大極殿門が位置すると言って良い。

朝堂院　朝堂院回廊の規模は東西二三〇メートル、南北三一八メートルあり、その中に一二の朝堂がある。朝堂はいずれも礎石建ち瓦葺きの長大な建物である。一二もの朝堂が立ち並ぶのは中国などに例がなく、わが国の前期難波《なにわ》宮(=難波長柄《ながら》豊碕宮《とよさきのみや》か)における一六堂を直接の祖型とする。そして平城宮以後は、藤原宮と同様に一二朝堂が一般的となってゆく。

一二朝堂の南には一対の朝集殿《ちょうしゅうでん》がある。藤原宮の場合には平城宮などと異なり、朝集殿を囲む施設はなく、その南は南面大垣となる。

内　裏　内裏外郭の規模は、南北三七八メートル、東西三〇五メートルで、

▼**藤原宮大極殿**　藤原宮大極殿と平城宮大極殿が全く同規模と見て、平城宮の大極殿が藤原宮から移建されたとする見解もある(小澤一九九三)。平城宮の大極殿は聖武天皇の時に恭仁宮大極殿として移建されるから、小澤説が成り立つと、同一の建物が三箇所に移し建てられたこととなる。

北面は掘立柱の単廊、それ以外は掘立柱塀で囲まれる。おそらく大極殿院の北には内裏内郭があり、そこに天皇が住んでいたはずであるが、現在その場所は溜池となっており、十分な調査が行なわれていない。

官衙　以上に述べた藤原宮の中心部分以外には、官衙が拡がっていたと見られる。平城宮の官衙域については、「式部省」「大膳職《だいぜんしき》」といった名称を特定できる場所がいくつかあるが、藤原宮の場合はまだそうした段階にいたっていない。したがって、図6のように、仮の地区名をつけて、検討を加えている。以下では、官衙域のうち比較的調査の進んでいる四カ所について、簡単にみておこう。地区としては「東方官衙北地区」「内裏東官衙地区」「西方官衙南地区」「西南官衙地区」である。

東方官衙北地区では、ほぼその北半部を占める南北約一六五メートル、東西約一九〇メートルという広大な範囲が区画され、東西に長い掘立柱建物三棟が並んでいる。総柱建物もしくは床をはる建物という特徴がある。

内裏東官衙地区では、やはり掘立柱塀で区画された南北に並ぶ三つの区画が判明した。区画の南北長は七二メートル、東西は六六メートルほどで、二〇〇

▼馬寮 朝廷で用いる馬の飼養を担当する官司。令の規定では左馬寮と右馬寮の二つがあった。

大尺×一八五大尺という設計か。南の区画の調査は一部にすぎないが、北および中央の区画内では藤原宮期にAB二時期の遺構変遷がある。特に中央区画のB期は、大宝令以後の改修であることが、出土した木簡の年代から判明した点、重要である。

西方官衙南地区は発掘が進み、ほぼ全容が判明している。この地区の北半部では、区画塀のような施設が見あたらず、広い空間に南北に細長い掘立柱建物が建ち並んでいる。桁行が一八間から二〇間と特に長く、類例は平城宮西辺の「馬寮《めりょう》▲」などに見られる。宮内での位置関係も類似することから、藤原宮においても、ここが馬寮関係の官衙であった可能性が指摘されている。一方、南半部の東寄りには区画塀があるが、あまり顕著な遺構はない。

西南官衙地区も発掘面積が広いが、ここでも区画施設は見られず、小規模な掘立柱建物が点在するのみで、遺構の密度が低い。

このように、官衙域については限られた部分にしか調査がおよんでいないが、比較的コンパクトな区画に建物が並ぶ内裏東官衙地区、広大な空間に細長い建物が建つ東方官衙北地区と西方官衙南地区、小規模建物が点在する西南官衙地区というように、場所によって、建物の規模や構成に大きな違いがあるように思われる。もちろん、平城宮でも官衙ごとの機能に対応して各々の建物を構成するが、藤原宮における官衙ごとの違いの方がより顕著であるように見受けられる。

また、藤原宮の時期が一六年間と短いにもかかわらず、官衙の建て替えが各所で見られる点も注目される。造替時期を確実に特定できる事例は少ないが、内裏東官衙地区の例から類推すれば、多くの建て替えが大宝を境にして行なわれた可能性が高い。後述するように、大宝律令施行に伴う変化は相当に大きいものと推定され、宮における官司の再編も大がかりであったはずであるから、そうしたことを契機とした造替と見るべきであろう。

藤原宮の造営時期

藤原宮内の様相を見てきたが、実はそれは発掘の成果のうち「藤原宮期」に限定したものであり、発掘調査が進むに従って、大きな問題点が浮かび上がってきた。それは、藤原宮の遺構と重複して、先行する遺構が何カ所かで検出され、その多くは、宮の周辺にひろがる藤原京の条坊道路側溝の延長線上に位置する直線的な溝なのである。溝に含まれる遺物の年代を検討すると、ちょうど藤原宮の直前期にあたるから、先に藤原京の条坊道路を宮内部分にも施工して側溝を掘り、後にそれを埋め立てて藤原宮を造営するという順序となり、それがいつのことなのかが重大な問題となるのである。先行遺構が条坊道路だとすると、藤原京全体の造営時期の問題に関わり、やや複雑となるから詳しくは④章でまとめることとし、ここでは宮内の発掘に限って、述べておく。

藤原宮大極殿の北方、および宮の北面中門付近での発掘によれば、溝幅六〜七メートル、深さ二メートル近い大規模な南北溝が検出された(図7)。この溝は遺構の重複関係から見ると、宮に先行する条坊遺構より新しく、藤原宮の北面中門より古いことが明らかである。溝の規模と、その時期から考えて、藤原宮の造営にあたって資材などを運搬した運河であったと見られる。したがって、宮の造営中に掘削され、造営完了時には埋め立てられていたのであろう。

その運河から出土した木簡に年代を示すものがある。すなわち壬午年(天武十一=六八二年)から癸未年(天武十二=六八四年)の干支をもつ木簡、および天武

●—運河の遺構　南北溝を北から撮影。後方の林が大極殿跡。

●——図7　大極殿と運河

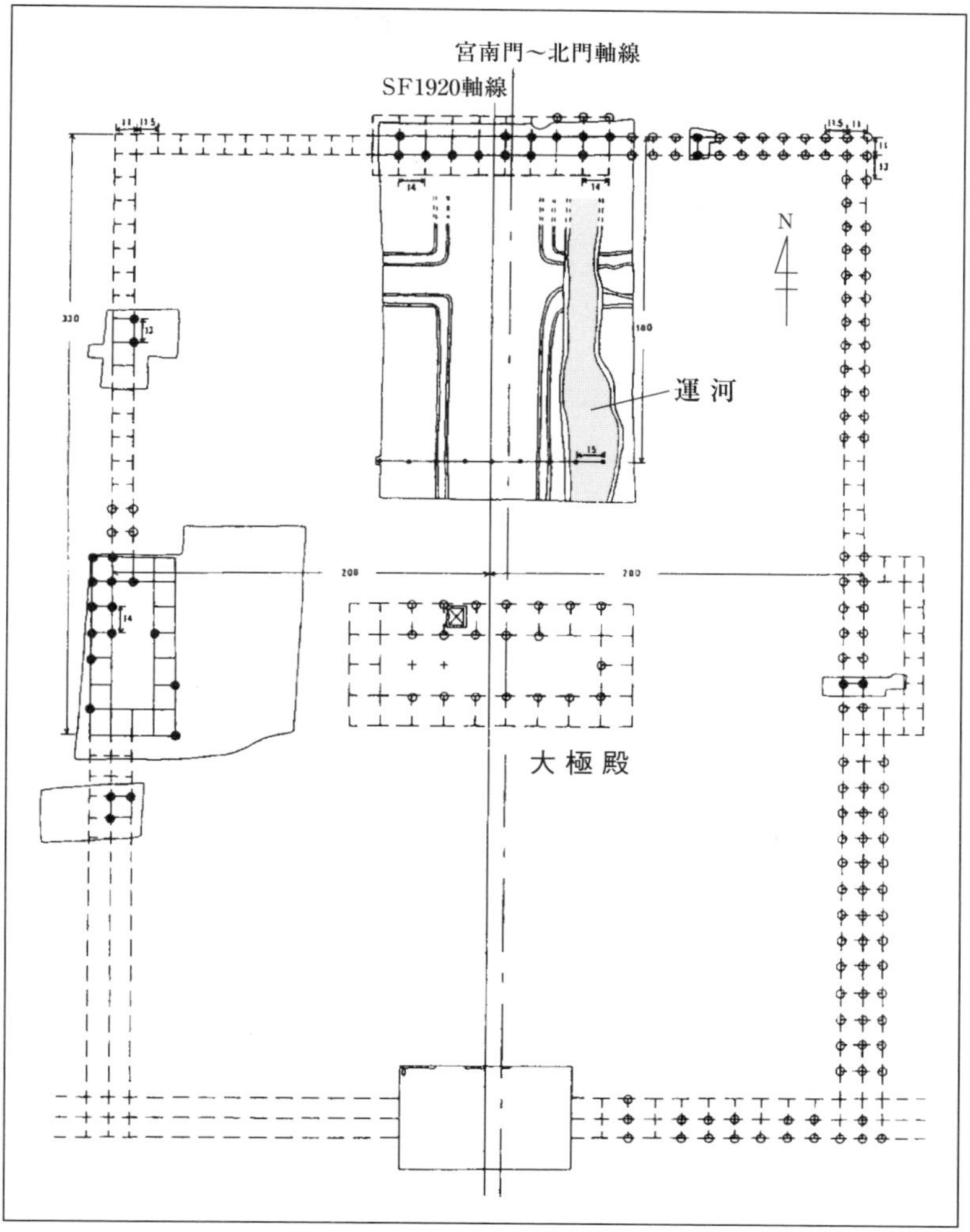

●――近江産軒瓦

●――讃岐産軒瓦

天皇十四年に制定された冠位「進大肆《しんだいし》」と記す木簡などである。つまり、この運河を根拠にすると、藤原宮の造営は天武朝末年には始まっていたことが確実である。したがって、先行する条坊道路はそれより以前、ということになる。

宮の造営に関して、もう一点補足しておく。それは、宮内における殿舎の造営順序について、瓦の分析からの指摘があることである。

藤原宮は宮殿に初めて瓦を葺いた宮であり、そうした点でも画期的なのであるが、瓦を葺いたのは大極殿・朝堂院・宮城門・大垣などである。他の多くの建物は檜皮葺《ひわだぶき》、もしくは板葺であろうが、それにしても膨大な量の瓦を限られた期間に生産する必要があったわけであり、藤原宮に供給するための瓦窯《かわらがま》が何カ所かに営まれた。

これまでの研究によれば、軒瓦の紋様、製作技法、粘土の質などから、産地（瓦窯）の特定が進み、おおよそ次のようなことが判明している。

Ⅰ　瓦の産地としては、大和国内と大和以外（近江・和泉・淡路・讃岐）に大別される。

Ⅱ　最初は大和以外で瓦作りが始まり、後に主力が大和国内に移った。

●—高台・峯寺瓦窯産軒瓦(大極殿所用瓦)

Ⅲ　大和国内の瓦窯としては、藤原宮のすぐ南にあった日高山《ひだかやま》瓦窯の他に、西田中瓦窯(大和郡山市)、安養寺瓦窯(平群町)、高台《こうだい》・峯寺《みねでら》瓦窯(高取町・御所市)等がある。

Ⅳ　そのうち日高山瓦窯から高台・峯寺瓦窯へ笵型《はんがた》が移動するという事例などからみて、最終的には高台・峯寺瓦窯が藤原宮専用の窯になった。

そして、それぞれの産地の瓦が葺かれた場所を見ると、宮城門と大垣は大和以外の瓦と大和国内では日高山瓦窯産が多数を占め、一方、大極殿と朝堂院の瓦は高台・峯寺瓦窯が優位で、大和以外産がほとんどない、という際だった特徴がある。つまり、瓦研究の成果によれば、藤原宮は先に周辺の大垣や宮城門を作り、中枢部分の大極殿・朝堂院はやや遅れて造営されたのではないか、という結論にいたる。

さらに、一九九九(平成十一)年夏に行なわれた朝堂院東北隅部分の発掘調査によると、この場所では、a宮先行条坊→b藤原宮礎石建物→c朝堂院回廊という順序で造営が進められたことが明らかとなった。bとcとは併存するが、造営の開始時期には明確な違いが見られ、朝堂院回廊は藤原宮遷都後に造営された可能性がある。

以上のような諸点からすれば、藤原宮の大極殿・朝堂院▲といった中枢部分は、真っ先に造営されて、遷都時には完成していた、という常識的な考えも見直す必要があるかもしれない。今後の検討課題であろう。

▼**大極殿・朝堂院**　藤原宮大極殿の初見史料は『続日本紀』文武天皇元年正月一日条、朝堂の初見は同・大宝元年正月十六日条である。そこまで成立時期が遅れるとは言えないが、より実務的な建物の建設を優先し、儀式の場を後回しにした可能性はある。

③―藤原宮木簡の意義

木簡の出土

木簡《もっかん》とは、発掘調査で出土する木の札に文字を書き記したもので、現在まで全国各地の遺跡から二〇万点を越す点数が出土している。特に文献史料の少ない古代の木簡は、当時の実態を示す史料として、大きな注目を集めている。古代の木簡としては、平城宮跡出土木簡▲や長屋王家《ながやおうけ》木簡▲など奈良時代のものが点数としては圧倒的に多いが、藤原宮跡の木簡も内容からすれば、それに劣らず重要な意味をもっている。

藤原宮における最初の木簡出土が一九六六(昭和四十一)年に始まる奈良県教委による調査であったことは、さきに述べた通りである。その後、現在まで、藤原宮跡からは合計八〇〇〇点余の木簡が出土している。

古代史を研究するにあたって、藤原宮跡出土木簡が最も大きな威力を発揮するのは、その年代によるところが大きい。すなわち、藤原宮の存続年代が六九四年から七一〇年の間であり、ちょうどその中に七〇一年つまり大宝律令の成

▼**平城宮跡出土木簡**　一九六一年以来、現在まで約五万点が出土している。律令制度が典型的にいきわたった時代の政治の中枢部で使用された木簡群であるから、古代の行政を考える場合には基本となる史料である。

▼**長屋王家木簡**　一九八八年から翌年にかけて、平城京左京三条二坊にあたる場所の発掘調査で出土した木簡群。奈良時代初期にはその坊の一・二・七・八坪が一体的に利用されており、敷地内の土坑から発見された三万五〇〇〇点余の木簡から、邸宅の主が長屋王と判明した。木簡は長屋王家の家政機関にまとめられたもので、平城宮木簡などの公的な木簡と異なり、古代貴族宅内部の実態を示す史料群として貴重である。

立した年を含んでいるからである。

日本の古代国家を「律令国家」と呼ぶように、当時の国家を形作る基本法は「律令」、特に「令」であり、その内容については養老二(七一八)年頃に完成した養老令の条文が、ほぼ知られている。それより前の大宝令は『令集解《りょうのしゅうげ》』▲などから、部分的に復元されており、これまでの研究によれば、養老令制定にあたっては、大宝令の語句訂正などを行なったものの、大幅な改定はなされなかったことが明らかにされている。つまり、大宝令の条文も養老令を参考にしておおよそ推定できることになる。

大宝令の前となると浄御原令《きよみはらりょう》である。天智天皇の時に近江令が編纂されたとも言われるが、その存在を否定する見解が有力であるから、浄御原令はわが国初の法典であった可能性が高い。ところが、浄御原令は、天武天皇十(六八一)年に編纂が始まり、持統天皇三(六八九)年に二二巻として完成、施行されたことが知られるのみで、具体的な条文が一条もわかっていないのである。『続日本紀』大宝元(七〇一)年八月三日条には大宝令が完成したことを記したのち、「大略、浄御原朝庭を以て、准正と為す」と述べている。このことを根拠として、

▼令集解　九世紀中頃に成立した養老令の注釈書。惟宗直本《これむねのなおもと》が編集にあたり、官撰注釈書である令義解を含め、他の諸注釈を集成している。諸説の中で天平十(七三八)年頃に成立した「古記」のみは大宝令に対する注釈であり、これを検討することによって、大宝令の条文が一部復元できる。

大宝令の内容は浄御原令に準拠したものであって、それほど大きな制度の変革はなかったのではないか、つまり浄御原令の条文も大宝・養老令に類似したものと見る見解があるが、果たしてそうであろうか。

藤原宮の時期は、ちょうど浄御原令の時代から大宝令の時代にまたがっているため、双方の時期の木簡を比較検討することによって、大宝令と浄御原令との異同、あるいは大宝律令制定の意義といったことを、具体的に考察することができるのである。そのことはまた、七世紀末までを記す『日本書紀』の記事の信憑性を確かめる役目も藤原宮木簡が果たしうるということでもあり、きわめて貴重な材料といって良い。

郡評論争

藤原宮木簡が決定的な役割を果たした有名な例として「郡評論争《ぐんぴょうろんそう》」の決着ということがあげられる。

この論争は、一九五一（昭和二十六）年十一月の史学会大会における井上光貞の「大化改新詔の信憑性」と題する報告を発端とする。井上は、『日本書紀』大化二(六四六)年正月条に記される大化改新詔の用語が大化当時のままではなく、後世の大宝令文をもとにして大幅な修飾を受けていることを、地方行政単位としてのコオリ(郡)とその役人である官職名の表記(郡司の大領・少領)を手がかりにして論じた。すなわち『書紀』では、大化以後の地方行政組織であるクニ―コオリ―サトの表記を「国―郡―里」と記すが、特に「郡」について『書紀』以外の金石文▲などによると、七世紀のコオリは全て「評」となっており、その役人も「大領・少領」ではなく「評督・助督」といった表記であること、したがって「郡」「大領・少領」は大宝令で初めて使用された用語であり、大化改新詔は大宝令によって大幅に修飾されている、と論じたのである。

これに対して、井上の師であった坂本太郎はすぐさま「大化改新詔の信憑性の問題について」(『歴史地理』八三―一、一九五二年)という論文を発表して反論を加え、改新詔がほぼ原文どおり大化当時のものであり、語句の改変は認められないことを述べた。

これ以後、井上・坂本が再三論文を発表して応戦したのみならず、他の多くの古代史家を巻き込んだ一大論争に発展していった。この論争は、一つは直接

▼**金石文**　金属や石に文字を彫刻・鋳出したものの総称。素材を反映して、古い時代の文字資料が現存する。代表的なものとしては、辛亥年(四七一)の年紀をもつ稲荷《いなり》山《やま》鉄剣、癸未年(四四三)の隅田《すだ》八《はち》幡《まん》神社人物画像鏡、戊戌年(六九八)の妙心寺鐘銘、庚子年(七〇〇)の那須《なす》国造《こくぞう》碑《ひ》、養老七(七二三)年の太安万呂《おおのやすまろ》墓誌《ぼし》などがある。

の論点となった七世紀のコオリが「郡」か「評」かという地方制度の問題であり、当時の地方支配のあり方が問われた。第二に、大化当時に出された「原大化改新詔」の具体的な内容がどういったものかという問題であり、そのことは律令国家建設に向けてのスタート時点を大化年間から、と認めるべきか否かという問題に関わってくるのである。

さらに第三には『書紀』全体の記述の信憑性に影響を及ぼす。つまり、従来はその前半の特に神話的な部分はともかくとして、七世紀の推古朝以降はおおよそ史実に基づいた記述をしており、特に大化以後の天武・持統朝に関しては、確実な史料によっていて、その信憑性は確かなもの、という意見が大半であった。ところが、井上説が正しいとなると、『書紀』は大化改新詔のみならず、天武・持統朝に見える全てのコオリ関係史料を「郡」「大領・少領」に書き換えていたこととなり、『書紀』に対する「信頼」が大きく揺らぐことになりかねないわけである。

そうした中で、昭和四十一年から始まった藤原宮の発掘調査で、木簡が約二〇〇〇点出土し、その中に次のようなものが含まれていた。

a〔表〕丁酉年若狭国小丹生評岡田里三家人三成
〔裏〕御調塩二斗

b　庚子年四月若佐国小丹生評
木ツ里秦人申二斗

c〔表〕尾治国知多郡×
〔裏〕大宝二年□×

d　下毛野国足利郡波自可里鮎大贄一古参年十月廿二日

いずれも、地方から都へ税を送った時の荷札の木簡であるが、年月の表記に注目すると、a bは干支で書いていて、西暦に直すと、a「丁酉年」は六九七年、b「庚子年」は七〇〇年にあたる。一方、cは「大宝二年」で七〇二年、dの「参年」は大宝三年のことである。つまりa～dは年代の順に並べたわけであるが、コオリにあたる地名の表記を見ると、a bが「小丹生評」、cは「知多郡」、dが「足利郡」で、「評」と「郡」に書き分けられていることがわかる。他の木簡の表記もみな同じであって、ちょうど大宝律令成立の大宝元年を境にして、「評」から「郡」への転換が行なわれていたことを知ることができたのである。

したがって、「郡」が大宝令に始まるという点で、井上説の正しいことが確かめられ、長い間の論争にひとまず決着がつけられたと言ってよい。「ひとまず」と言ったのは、先に挙げた三つの論点のうちの第一の問題が決着したということであり、第二、第三の問題に関しては、なお議論が重ねられているからである。すなわち大化改新の歴史的評価、『日本書紀』の信憑性の問題などは、「郡評」問題を越えて様々な観点からの検討が不可欠なのである。

藤原宮木簡と大宝律令

藤原宮から出土した木簡について、最初に述べた観点、つまり大宝令以前と以後との比較を行なうと、「郡評」の問題にとどまらず、様々な点で相違があることが、次第に明らかになってきた。以下は、主として岸俊男「木簡と大宝令」(『日本古代文物の研究』)によりつつ、簡単に紹介しよう。

大宝令を境に変化を見せる第一は、年号の使用開始である。日本における最初の年号は「大化」(六四五〜六五〇)とされ、その後七世紀には「白雉《はくち》」(六五〇〜六五四)「朱鳥《しゅちょう》」(六八六)の年号が『日本書紀』に記される。ところが、いずれも断

f 木簡表

b 木簡

「若狭国小丹生郡手巻里人□」

続的なものであり、また、その使用範囲が全国に及ぶかどうかとなると大いに疑問であり、一時的あるいは朝廷の一部における限定的な年号使用であった可能性が高い。これに対し、七〇一年に制定された「大宝」以後は連綿と年号使用が続き、現在にいたっているわけである。

藤原宮木簡を見ると、八世紀に入ると、全国各地から送られる税物の荷札木簡に一斉に年号が記されるようになるから、「大宝」こそが全国的に使用された最初の年号と言って良い。逆に言えば、大宝以前は年号が広まらなかったために、干支を用いて年を表記したのである。現在のところ、「大化」「白雉」「朱鳥」と明記した木簡は一点も発見されておらず、その時期を示す木簡も全て干支で記されている。

第二の変化として、その年号を書く位置の違いがある。つまり、前掲の木簡をみると、大宝以前の荷札であるａｂはともに冒頭に年月が記され、それに続けて某国某評某里の某が貢納した品である、といういわば本文がくる。一方、ｃｄではその順序が逆転し、年月が末尾に書かれているのである。ｃは表と裏を逆と考えればそうは見えないと言われそうだが、この年月を末尾に記すのは、荷札木簡のみならず、やりとりを記した文書木簡でも同様であり、また、木簡に限らず、他の紙に書かれた文書あるいは金石文でも同じ書式であることを岸が明快に説明している。文書木簡の例を二、三あげると、

e　九月廿六日薗職進大豆卅□×

f〔表〕皇太妃宮職解卿等給布廿端□×□×

〔裏〕慶雲元年□×

g〔表〕×於市沽遣糸九十斤　蝮門　猪使門

〔裏〕×月三日大属従八位上津史岡万呂

eは、某年の九月二十六日に薗職《そののつかさ》が大豆を進上した時の送り状の木簡。fは皇太妃宮職《こうたいひぐうしき》▲が長官らに対して布を支給した木簡。gは市で糸を買うために役人を派遣したことを示す木簡である。eは大宝令以前とみられるが、月日が冒頭に記され、fgの八世紀に降る木簡が末尾に月日を記すのと好対照をなしているのである。こうした傾向が顕著に見られるということは、文書の書式を規定した律令の条文、具体的には大宝令の公式令《くしきりょう》の影響を受けているのが八世紀の

▼**皇太妃宮職**　皇太妃とは、文武天皇の母である阿倍《あべ》内親王が、文武即位後に称された尊称。したがって、皇太妃宮職は阿倍のために設置された家政機関のことである。阿倍はのちに即位して元明天皇となる。

木簡や文書であり、逆に七世紀の書式はそれとは異なっていたことを示すと見て良かろう。

第三の変化は、同じく書式の点であるが、文書木簡の書き出しの文言が異なっている。八世紀の例として平城宮出土の例を挙げると

h〔表〕造酒司符　長等　犬甘名事　若湯坐少鎌　日置薬
〔裏〕直者言従給状知必番日向参

i　大学寮解　中宿直官人事　直講正八位下濃宜公水通
天平宝字八年八月十一日

hは、造酒司《ぞうしゅし》▲から所属の官人に対する呼び出し命令であるが、こうした上の組織から下の者への下達文書は「符《ふ》す」と表記する。一方、iは大学寮《だいがくりょう》▲から上級官庁である式部省▲へ宿直者の報告を行なった文書で、この場合は下から上への上申文書であるから「解《げ》す」という。いずれも公式令の規定にのっとった書式である。

ところが、藤原宮木簡のうち、七世紀に遡るものにはしばしば異なる表現が

▼**造酒司**　宮内省に属し、朝廷で用いる酒や酢などの醸造を担当した。

▼**大学寮**　式部省に属し、中央の官人子弟の教育や官吏の養成を担当した。

▼**式部省**　文官の人事・朝廷の礼儀などを担当し、八省の中でも特に重視され、政治史上の要人が相次いで任命された。

見られる。

j　法恩師前　小僧吾白　啓者我尻坐□止×（裏 省略）

k　御門方大夫前白上毛野殿被賜（裏 省略）

jは「法恩師の前に小僧われ白《もう》す…」、kは「御門方の大夫の前に白す…」と読む。ともに、冒頭に宛先を記し、「〜の前に白す」という表現をとっているのである。この文書の書き出しの文言もまた、確証はないが、浄御原令での書式を示唆するものであろう。

第四の違いは、木簡に記される官司・官職名である。八世紀のそれは大宝令に基づく、いわゆる二官八省一台五衛府の名称をもつが、それ以前の官司名はかなり異なる。eの「薗職」はおそらく大宝令では「園池司《えんちし》」▲となるものの前身であろうが、これ以外にも、「陶官」「宮守官」「舎人官」など「〜官」「〜職」といった大宝令文に見えない官司名が木簡に散見する。いずれも「〜ノツカサ」と読まれたのであろうが、令制の官司と直接連続しそうな名称のものと、再編されてしまうものなど様々であり、そこに大宝令を境とした大きな官司制度の変更を読

▼園池司　宮内省に属し、苑池を管理するとともに、蔬菜・果物を栽培し、供御にあてた。

みとることができる。

大宝令以前は官司間の関係が十分に秩序づけられてはいなくて、大宝令によって初めて、官―省―職・寮・司といった管隷《かんれい》関係(所属、上下関係のこと)ができあがり、命令系統が整備されたのである。そのために第三点としてあげた書式も変化をとげたのである。

以上、藤原宮木簡を手がかりに、大宝令の前後における相違点を指摘してきた。このように見てくると、内容の知られていない浄御原令文は、大宝令文とはかなり異なっていたのではないか、と推定されるのである。少なくとも、『続日本紀』の「大略、浄御原朝庭を以て、准正と為す」を文字通りうけとって、大宝令では若干の訂正を行なっただけ、といった程度ではありえず、むしろ、大宝令にこそ大きな制度的発展を認めるべきだと考える。

二〇〇一(平成十三)年六月、藤原宮のすぐ南方、藤原京左京七条一坊にあたる場所の発掘調査で池状の遺構が発掘され、そこから一〇〇〇点を越える木簡が出土したことが報じられた。

木簡に記される年紀は大宝元年と二年を中心とするもので、ちょうど大宝令施行直後の木簡である。内容は、各役所から中務省《なかつかさしょう》▲に宛てた文書木簡が中心で、特に、宮城門を通って物資を出し入れする際の許可を申請したものが注目される。

令の規定では、宮城門を通過する場合には、門番にあたる「門司《もんし》」によるチェックがあった。門を通過しようとする各役所は事前に、物資名・通過門・担当者などを記して中務省に申請し、中務省はその内容をまとめて記した「門膀《もんぼう》」を発行し、衛門府を通じて門司に配置させた。当日、門司が門膀と実物を照らし合わせて通行を許可したのである。こうした制度、つまり宮城門での通行規制、門司によるチェック、そのための門膀使用、門膀発行の諸手続、といった全体のシステムが大宝令で始まったと見られるのであるが、早速それが実施されていたことを知ることができる。

門膀制に限らず、ここの木簡群は、大宝令でできたばかりの二官八省を初めとする官職名、あるいは位階制▲、文書の書式を記した大宝公式令の規定など、様々な点で新しい律令の施行を具体的に示す史料である。木簡の文中にわざわざ「令の如く」とことわる文言があることなども初々しい。

▼中務省　天皇の側に仕え詔勅の作成、上奏の取り次ぎなどを行ない、後宮・女官に関する事務もとり扱った。八省の中では筆頭に位置づけられていた。

▼位階制　官人の序列を示す制度で、推古朝の冠位十二階にはじまり、その後しばしば変更が加えられたが、大宝令にいたって、それまでの正冠・直冠・勤冠・務冠・追冠・進冠に代わって、数字で示す正一位～少初位下の三〇階が定められ、以後長く定着した。

つまり、今回の木簡はこれまで述べてきた、大宝令施行に伴う変化を最も典型的に表わしているわけである。発表された木簡はまだ少ないが、今後の調査の進展に注目したい。

④—藤原京の諸問題

岸俊男の藤原京復元

さきにも述べたが、前期難波宮や浄御原《きよみはら》宮に伴う条坊道路をもつ京域が確認されない現在、藤原宮こそが最初の京をもつ都城であるということができる。京すなわち「藤原京」である。もっとも、古代の史料にはこの「藤原京」という語句は一切出てこない。史料に見えるのは「新益京《あらましのみやこ》」なる語句である。「平城宮―平城京」のような後の用例と同じく、「藤原宮」に対していわば造語として「藤原京」を使い始めたのは、大正から昭和初期に活躍した喜田貞吉であった。喜田は、その藤原京の範囲を初めて考定した研究者でもあり、その斬新な方法はいまなお注目に値する。

喜田はまず、藤原宮の位置を江戸時代以来の通説であった高殿の「大宮土壇《おおみやどだん》」ではなく、醍醐の「長谷田土壇《はせだどだん》」を中心とする場所と考えた(一八ページ参照)。その上で、大宝令に規定する京の坊令《ぼうれい》▲の定員を根拠にして、藤原京が南北一二条、東西各四坊で計八坊という規模であろうことを指摘する。そして、平城京

▼坊令　京内の四坊を担当する官人。左・右京職に属し、坊毎におかれた坊長を統括する。大宝令の規定では(養老令も同じ)、左・右京職それぞれに一二人の坊令定員が規定されている。

や平安京の例から判断して、宮は京の中央北端に位置するものと考え、「長谷田土壇」を基点として南に拡がる京域を想定したのである(図3、二〇ページ)。

藤原京域に造られたであろう条坊道路の痕跡は、平城京のように水田の畦畔《けいはん》や地割という形で地表に残ってはいない。そこで喜田は大和盆地に古くから存在していた古道の位置を手がかりとして、京域を推定するという方法をとった。京の北端として注目したのは、耳成山《みみなしやま》の南を東西に走る初瀬《はつせ》街道で、河内から伊勢に抜ける古代の「横大路《よこおおじ》」にあたる。つぎに南北方向の古道としては、上ツ《かみ》道・中《なか》ツ道・下《しも》ツ道の三本の直線道路があるが、このうち中ツ道がちょうど香《か》具《ぐ》山の西麓を通ることから、これを藤原京の東京極《きょうごく》と判断した。そこから長谷田土壇までの距離を西に折り返した位置に西京極を設定すると、下ツ道はちょうど右京の二坊大路にあたるという。こうして、喜田は東西四里(約二・一キロメートル)、南北五里(約二・六五キロメートル)の範囲を藤原京域として復元したのである。

発掘調査が実施される以前の研究としては、文献史料による条坊数の推定、平城京など他の都城との比較検討、古道に注目するなど歴史地理的方法の駆使

喜田貞吉

岸　俊男

●――**喜田貞吉と岸俊男**

喜田貞吉（一八七一～一九三九）大正から昭和初期に活躍した歴史家。文部省に入り国定教科書の編纂などにあたったが、一九一一年南北朝正閏問題で職を辞した。建築史家関野貞との間で法隆寺再建論・平城京論争などの論争を行ない、研究を深めた。文献研究にとどまらず、歴史地理、民族学、考古学など多方面に及ぶ総合的な研究で知られる。一九一三年に著した「藤原京考証」が藤原京研究についての最初の著作で、『帝都』『藤原京』などの著作とともに『喜田貞吉著作集』に収録されている。

岸俊男（一九二〇～一九八七）戦後を代表する古代史家。京都大学教授。研究分野は、古代村落、政治史、戸籍・計帳研究、古代宮都、文字資料の研究など、多方面にわたる。とくに後二者は、藤原宮や平城宮の発掘調査成果に文献史学の立場から取り組んだもので、斬新な発想と堅実な実証で大きな成果をあげ、現在の古代史研究の基礎をなしている。代表的な著作は『日本古代政治史研究』『日本古代籍帳の研究』『日本古代文物の研究』『日本古代宮都の研究』にまとめられている。

等々、当時としては画期的な方法による復元案であり、いずれも戦後の岸俊男に受け継がれることとなる。

喜田による初めての藤原京復元研究が発表されると、それを契機として何人かの研究者による京域復元案が示され、議論が続けられた。特に日本古文化研究所の発掘によって、宮の中心部が「長谷田土壇」よりも「大宮土壇」が有力となると、それを基点にした復元案も発表されるようになり、喜田自身も「大宮土壇」説が覆らないと見るや、藤原宮が当初は「大宮土壇」付近にあったが、大宝令を契機にして「長谷田土壇」に移転し、京域もそれにともなって変動したことなどを新たに主張するにいたるが、そうした詳細についてはここでは触れないこととする。

戦後になって研究が大きく進展したのは、前述のように、奈良県教委による藤原宮の発掘調査であった。そこで、宮の四周がほぼ確定したことを受けて、岸俊男が再び藤原京域の復元を行ない、それが以後の研究のスタートとなったのである。岸の方法は、基本的に喜田のそれを受け継いでいる。ただし、京域の基点を正しい藤原宮(大宮土壇)においていること、喜田が想定した古道の位置を修正していることなど、様々な点で喜田説を発展・深化させている。以下、岸説の概略をみてゆこう。

まず、喜田の説では中ツ道の認定に誤りがあり、正しい位置は香具山西麓ではなく、ちょうど香具山頂を通るラインとなる。そうすると、中ツ道〜下ツ道間が四里(一里＝約五三〇メートルで、四里は約二・一キロメートル)となり、この二つの南北道路のちょうど中間に藤原宮の中軸線が一致するのである。そこで、仮に中ツ道・下ツ道を東西両京極とし、東西を八坊と考えると、一坊は喜田の想定と同じく半里四方の大きさとなり、藤原宮は発掘の結果二里四方であるから、一六坊分となる。

喜田に従って北京極を横大路とすれば、そこから宮の北辺までの距離がちょうど一里となる。さらに、横大路から南に一二条分をとると、南京極は、これも古道のひとつである「阿倍山田道《あべのやまだ》」とほぼ一致する。つまり、藤原京は四周すべてを古道を基準にして設定した、と岸は考えたのである。

以上から、岸の復元した藤原京は、図8に示したように、東西四里、南北六里の範囲で、そこに半里四方の坊が東西八坊、南北一二条設けられ、藤原宮は、

●──図8　岸俊男復元藤原京

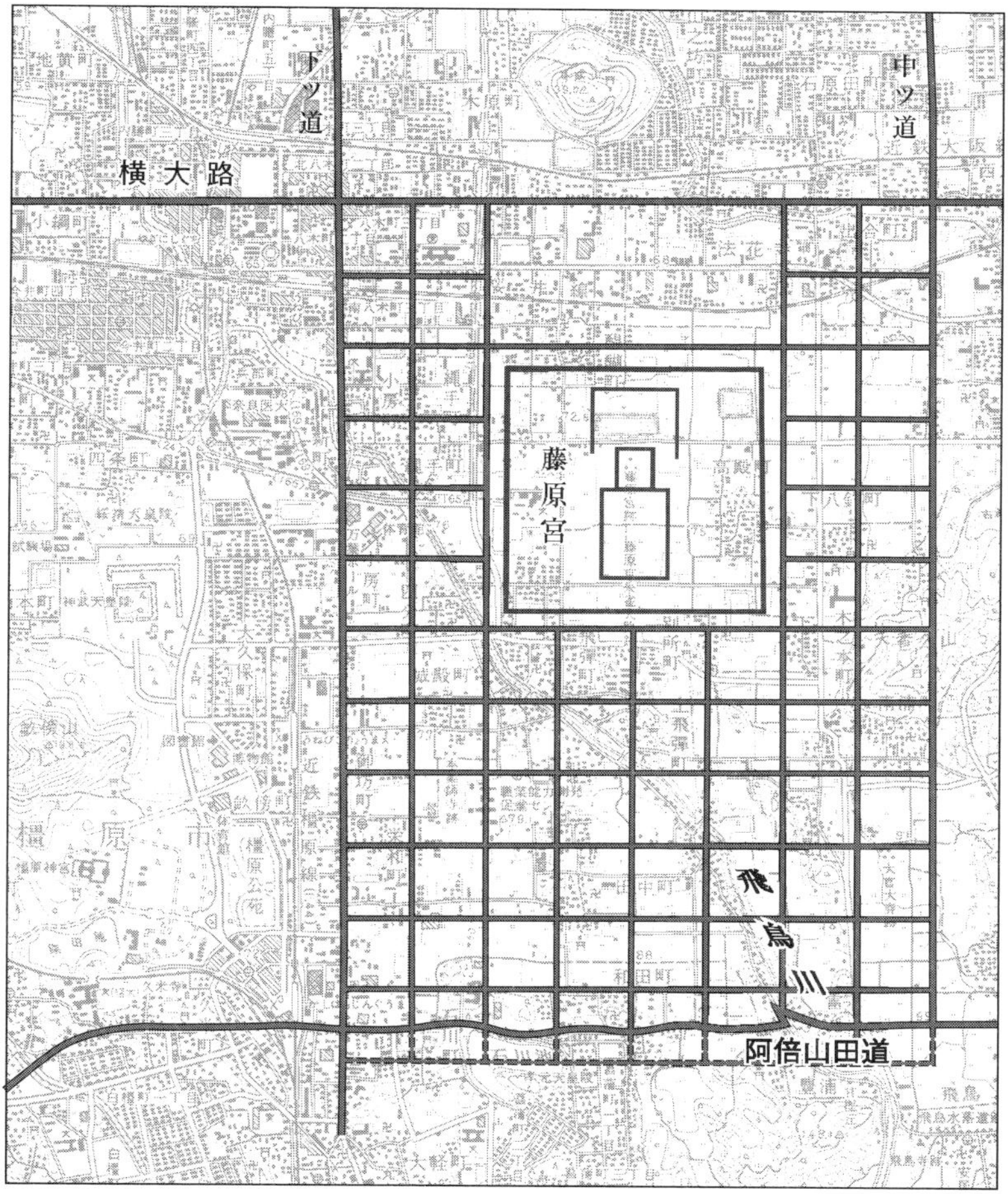

京の中央北寄りに一六坊分をしめることとなるのである。

岸の指摘はたんに藤原京域の問題にとどまらない。たとえば、古道の年代についていえば、文献に散見するところによると、大和の古道は推古朝から壬申の乱までの間に主要道路として成立していたであろうこと。下ツ道〜中ツ道の距離が二一一八メートルで、これが高麗尺《こまじゃく》の六〇〇〇尺、大宝令以前は六尺＝一歩であるから、ちょうど一〇〇〇歩になり、古道の設定基準となる尺度の面からも先の年代が裏付けられること。

さらに中ツ道と飛鳥の諸寺との関係にも注目している。飛鳥寺▲の場合、寺域を画する大垣に開く門の中で西門が最大規模であるが、それが中ツ道に面していること、川原寺▲では同じく東門が最大で、それも中ツ道側であること、橘寺▲は中門・塔・金堂・講堂が一直線に並ぶいわゆる四天王寺式伽藍配置であるが、伽藍全体が東面し、やはり中ツ道を正面とすることなどを指摘する。これは、以上の寺院が造営される以前から中ツ道が存在しており、周辺地割の基準となっていたことを示すと述べている。

また、この古道と京域との関係は藤原京のみならず、次の都である平城京に

▼飛鳥寺　仏教公伝以来、その受け入れに積極的だった蘇我氏が建てた寺院。法興寺・元興寺ともいう。五八八年に起工し五九六年に塔が完成した日本最古の本格的な寺院である。中心伽藍は塔を中心とし、これを三つの金堂が囲む伽藍配置をもつ。本尊釈迦如来像は飛鳥大仏として知られ、後世の破砕と修補をへて現存している。

▼川原寺　七世紀に建立された寺院であるが、創建年代や由来には不明な点が多い。弘福寺ともいう。遅くとも天武朝には伽藍が完成しており、官寺として扱われていた。伽藍の主要部分は発掘調査が行なわれ、遺構が整備されている。

▼橘寺　川原寺の南にある寺院で聖徳太子の創建と伝える。『書紀』では天武九年に橘寺の尼房が焼失した、という記事が初見。

も影響を及ぼしたという。すなわち、藤原京の東西京極と考えた二つの古道を北上すると、古道はほぼ直線道路として奈良盆地を縦断しており、盆地の北端にかかる所で、ちょうど中ツ道が平城京の東京極（外京を除いた左京部分の京極）に一致し、下ツ道は平城京の朱雀大路と重なるのである（図9）。つまり、平城京は下ツ道を中軸として、中ツ道を西へ折り返したところに西京極を設定したのであり、藤原京の東西幅を二倍に拡大した都となる。ここにも藤原京と平城京との密接な関係と、古道を基準とする都造りが受け継がれたことが言えるわけである。

さらに、藤原京の南方に目を転ずると、ちょうど京の中央南北道路（のちの朱雀大路にあたる）の延長線上に天武・持統天皇陵▲が存在し、ほぼその線上に文武天皇陵・高松塚《たかまつづか》古墳▲・中尾山《なかおやま》古墳▲・菖蒲池《しょうぶいけ》古墳などがならぶ（図10）。これらの多くは七世紀後半頃の古墳で、天皇もしくは皇子の墓とみられるから、いわば藤原京にゆかりのある皇族の墓が、京の南正面に一直線に営まれたという可能性が指摘されるのである。

以上のように、岸の藤原京復元案は極めて整合的であり、また様々な疑問点

▼天武・持統天皇陵　檜隈大内陵ともいう。六八七年に築造し翌年に天武天皇を埋葬、七〇三年に火葬された持統天皇を合葬した。墳丘は五段築成の八角形墳で、対角距離約四〇メートル、内部は瑪瑙を用いた横穴式石室であったらしい。

▼高松塚古墳　直径約一八メートル、高さ約五メートルの小規模な円墳。七世紀末もしくは八世紀初頭の年代と推定されている。一九七二年の発掘調査で、石槨内から彩色壁画が発見され、中国・朝鮮との関係などが議論された。

▼中尾山古墳　高松塚古墳と同じく七世紀末もしくは八世紀初頭の年代と推定されている。古墳の形態は八角形と天武・持統陵とも共通し、こちらが文武天皇陵ではないかとする説が有力である。

●―図9　大和の古道と宮都

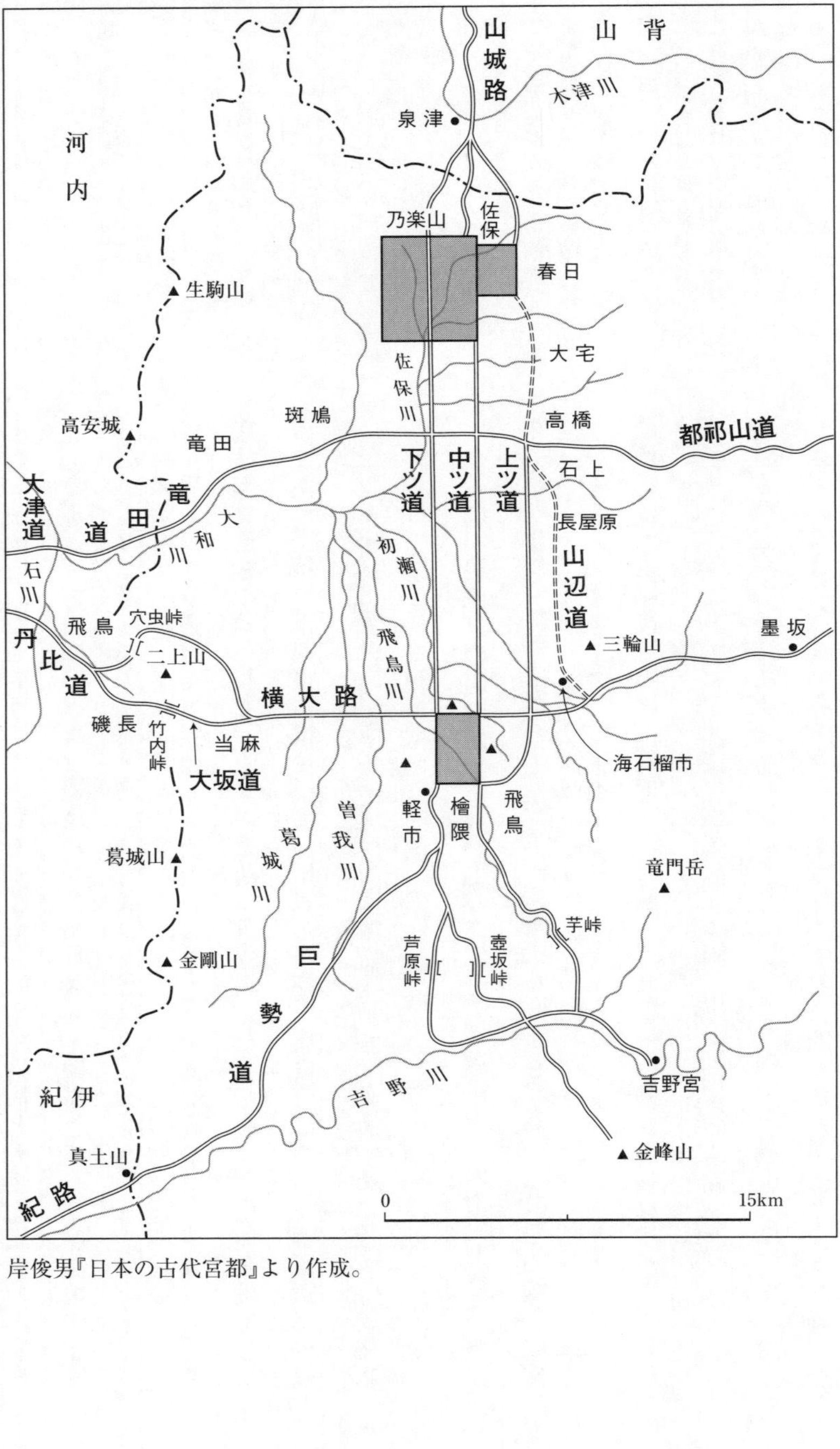

岸俊男『日本の古代宮都』より作成。

●──図10　岸藤原京と古墳

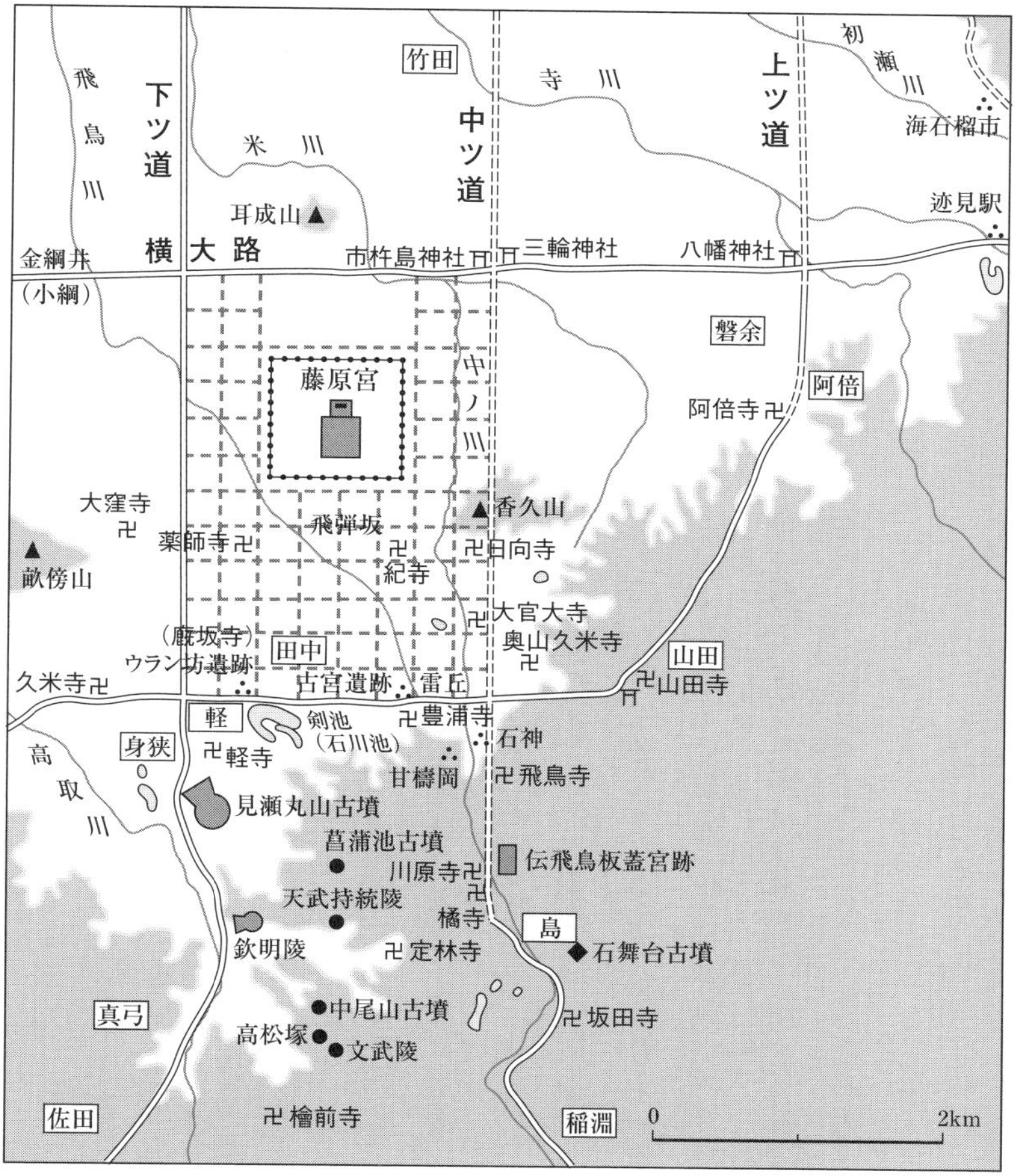

岸俊男『日本の古代宮都』より作成。

にも答えうる魅力のある説であったため、その後長く通説の位置を保ち続けることとなった。

岸復元案が示されて後、その藤原京内にあたる場所の発掘調査が徐々に進められると、多くの場所で、想定された位置に条坊道路の痕跡が見つかり、岸復元案の正しさが証明されていった。ただし、その成果によると、四条大路、六条大路のような偶数条の大路に比べ、五条・七条といった奇数条大路の幅がやや狭い、といった新たな特徴も判明してきた。

それよりも大きな問題点として、当初は予想しなかった事実が二点、明らかになってきた。それは一つは藤原宮域内にも先行する条坊道路が存在すること、もう一つは、岸復元藤原京の外側でも条坊道路に相当する直線道路が発見されたことである。前者は宮と京の造営がいつ開始されたかという造営時期に関わる問題であり、後者は京域がどこまで及んでいたかという京の大きさの問題である。したがって、この二点をいかに解釈するか、が大きな課題として浮上してきたのである。

藤原京の造営過程

宮内先行条坊については②章でも少し述べたように、条坊施工が天武朝の末年に掘削された運河に先行するという年代が特に注意される。さらにその後の調査によって、京の造営開始時期を示す手がかりが増加している。その最も重要なものの一つが薬師寺▲との前後関係である。

薬師寺は天武天皇九（六八〇）年に皇后の病気平癒のために天皇自身が建立を発願して造り始め、天武没後も造営が継続された寺である。持統天皇二（六八八）年には薬師寺で無遮大会《むしゃだいえ》▲を行なっているから、その頃には主要な伽藍が完成していたと見られる。

一九七六（昭和五十一）年に実施された薬師寺の寺域西南隅の発掘調査では、薬師寺の金堂に葺かれた瓦を含む溝を埋め立てて、条坊道路の側溝が掘られたという知見が示されたため、条坊施工は薬師寺造営よりも後だと考えられた。つまり、京の造営は天武天皇九年より後で、なおかつ天武末年までの間にスタートしたと推定されたのである。

ところが、発掘調査が進むと両者の関係は逆転することがしだいに明らかに

▼薬師寺　天武天皇の発願によって、藤原京内に建てられたが、平城遷都後に平城京にも同名の寺が造られた。それ以後、両者を区別するために藤原京の薬師寺を「本薬師寺」と称するようになるが、ここでは当時の名称「薬師寺」を使う。なお平城京薬師寺は藤原京の建物・仏像を移築した、という議論があるが、私は基本的に移築ではなく新築・新造であり、藤原京薬師寺は奈良時代以降もそのまま存続したと考えている。

▼無遮大会　だれも遮ることのない法会の意味で、僧俗・上下・貴賤の別なく参加できる法会。『書紀』では朱鳥元（六八六）年に五寺で行なったと見えるのが初例。

●—薬師寺金堂跡にのこる礎石
遠方にみえるのが畝傍山である。

なってきた。すなわち、薬師寺中門などの調査では、藤原京の西三坊坊間路の側溝を埋めた後に、中門や参道の造成がなされたことが判明し、この前後関係はもはや動かない。したがって、京の造営開始は、明らかに薬師寺に先行するのである。

つぎに、最近行なわれた藤原宮朝堂院の東北隅部分を対象とした発掘調査では、藤原宮期の遺構とともに、宮に先行する条坊道路である東一坊坊間路と四条大路が検出されたが、その条坊道路がいずれも二時期に分かれ、その側溝が掘り直されていることが、新たに判明した。こうした二時期にわたる先行条坊という事実が、京域の全域に及ぶかどうかは定かではないが、少なくとも藤原宮内においては、藤原宮造営直前の短期間の間に、先行条坊(古)→先行条坊(新)→運河→藤原宮の遺構、という複雑な変遷をたどったことになるわけである。

以上のような諸点からすると、京造営の開始時期は思いのほか早く、天武朝の初年にまで遡ると考えるべきであろう。

ここまで、藤原宮が我が国最初の条坊を伴う宮であったこと、そのことは官

▼高市皇子　（六五四～六九六）
天武天皇の長男で、長屋王の父にあたる。壬申の乱では父を助けて活躍し、天武朝では草壁・大津皇子に次ぐ地位にあった。持統朝では太政大臣となり、皇親の代表として天皇を支えた。その宅は香具山宮といわれ、藤原宮の東に隣接していたらしい。

僚層の成立と一連の動きであり、つまりは中央集権的国家の成立と平行していること、ところが発掘の結果、京の条坊道路施工が藤原宮造営にかなり先行する可能性が出てきたこと、を述べてきた。この矛盾をどのように解消すべきなのであろうか。私は、これを文献史料に見える京の造営過程を検討することによって、ある程度説明しうると考えている。

持統天皇八年の藤原宮遷都に先立ち、その「宮」の造営がいつから始まったかといえば、文献史料には持統天皇が正式に即位した六九〇年に初めて「藤原宮」が見える。すなわち『日本書紀』の持統天皇四年十月二十九日条に「高市皇子▲、藤原の宮地を観る」、ついで同年十二月十九日条に「天皇、藤原に幸して、宮地を観る」とあり、以後「藤原の宮地」という語句がしばしば登場する。したがって、宮の造営開始時期はおおよそ六九〇年頃と推定できる。

それとほぼ同じ頃に「京」を指す語句として「新益京」が見える。『書紀』持統天皇五年十月二十七日条が初見で、「使者を遣して、新益京を鎮祭せしむ」とある。つまり、この頃から後は同時に並行する形で宮と京の造営が進行していたと言って良い。

ところが、天武朝に遡ると、新益京に先行して、「新城《にいき》」「京師《けいし》」といった語句が見え、さらに天智朝では「倭京《わきょう》」なる語句もあって、いずれも「京」に関わる可能性が考えられる。したがって、これらの語句が新益京(＝いわゆる藤原京)とどういう関係なのか、がつぎに問われるのである。『書紀』等に見える京関係の略年表を次ページに示した。

天智朝に見える「倭京」とは、近江大津宮など他国にあった宮に対して大和の宮を区別するために「倭京」と称したものであり、その頃に条坊を伴う京域を確認することはできないから、これはひとまず除外する。

『書紀』では六七六年と六八二年に「新城」、六八三年から六九〇年まで「京師」、ついで六九一年から「新益京」の順に見える。このうち「新城」については地名と考えて、奈良県大和郡山市にある「新木《にいき》」という所に遷都が計画されたという議論もあるが、地名としての類似以上の積極的な根拠に乏しい。天武朝の飛鳥藤原地域における状況からすると、「新城」をあえて他所に求める必要はなく、これを地名ではなく「新しい都城」の意と解し、これこそが最初の藤原京造営にあたると考えて良いのではなかろうか。

●―京関係略年表

西暦	年号	事　項
653	白雉　4	この年、太子奏請して**倭京**に遷らむことをねがふ。天皇、許さず。
667	天智　6	*8* 皇太子、**倭京**に幸す。
672	天武　元	*9* **倭京**にいたりて、嶋宮に御す。 この年、宮室を岡本宮の南につくり、その冬に遷居す。これを飛鳥浄御原宮といふ。
673	2	*2* 天皇、有司に命じて壇場を設け、帝位につく。正妃を立てて皇后となす。
676	5	この年、**新城**に都せむとす。限の内の田薗は、公私を問わず皆耕さず、悉く荒れぬ。然れども遂に都せず。
680	9	*5* 勅して、絁綿糸布を**京内**二十四寺に施す。 *11* 皇后の体不予。皇后の為に誓願し、初めて薬師寺を興つ。
681	10	*2* 詔して曰く。朕いま律令を定め法式を改めむと欲す。故、ともにこの事を修めよ。この日、草壁皇子尊を立てて皇太子となす。
682	11	*3* 宮内官大夫らに命じて**新城**に遣し、その地形を見しむ。よって都つくらむとす。 *3* 天皇、**新城**に幸す。
683	12	*7* 天皇、**京師**を巡行す。 *12* 詔して曰く。凡そ都城宮室は一処にあらず。必ず両参を造らむ。故、まず難波に都せむと欲す。
684	13	*2* 広瀬王らを畿内に遣し、都とすべき地を視占せしむ。この日、三野王らを信濃に遣し地形を看しむ。この地に都せむとするか。 *3* 天皇、**京師**を巡行し、**宮室**の地を定む。
686	朱鳥　元	*9* 天皇、病遂にいえず、正宮に崩ず。
689	持統　3	*3* 皇太子草壁皇子尊、薨ず。 *6* 諸司に令(浄御原令)一部二十二巻を班賜す。
690	4	*1* 皇后、天皇位につく。 *10* 大唐学問僧智宗ら、**京師**にいたる。 *10* 高市皇子、**藤原宮の地**を観る。公卿百寮従う。 *12* 天皇、**藤原**に幸し、**宮地**を観る。公卿百寮みな従う。
691	5	*10* 使者を遣して、**新益京**を鎮祭せしむ。 *12* 詔して曰く、右大臣に賜う宅地四町、直広弐以上には二町…略…王らまた此に准ぜよ。
692	6	*1* 天皇、**新益京の路**を観る。 *5* 難波王らを遣して、**藤原の宮地**を鎮祭せしむ。 *5* 使者を遣して、幣を四所に奉じ、**新宮**のことを告ぐ。 *6* 天皇、**藤原の宮地**を観る。
693	7	*2* **造京司**衣縫王らに詔し、掘るところの屍を収めしむ。 *8* **藤原の宮地**に幸す。
694	8	*1* **藤原宮**に幸す。 *12* **藤原宮**に遷居す。
697	文武　元	*8* 譲りをうけて、文武天皇即位す。
701	大宝　元	*8* 刑部親王らをして律令を撰定せること、ここに初めて成る。大略、浄御原宮朝庭を以て准正とす。

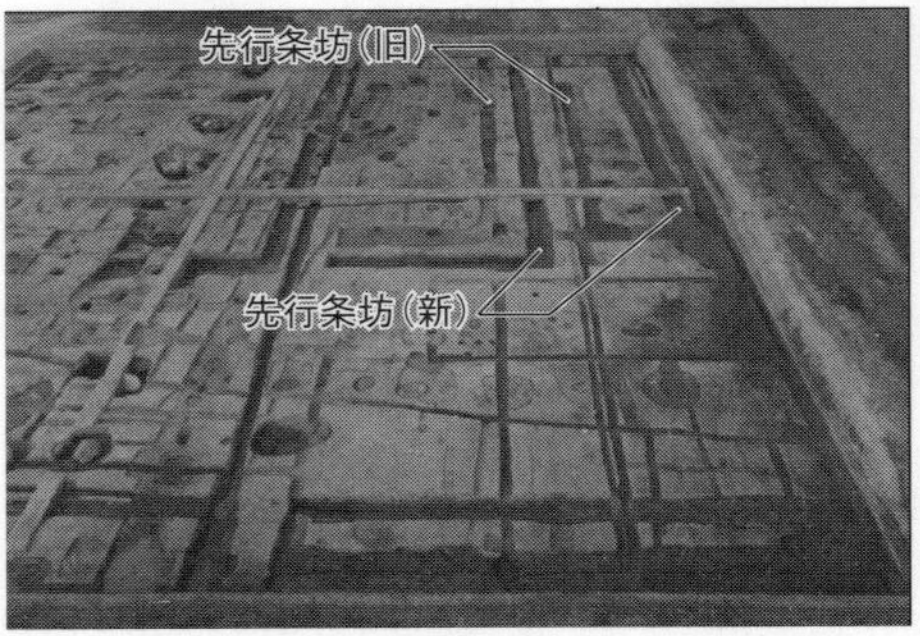

●朝堂院東北隅の調査で判明した二時期の先行条坊

また、「新城」→「京師」→「新益京」という語句の推移をもって、京の実態の変化を反映しているのではないか、とみる見解もある。たとえば、当初は宮域部分を想定していなくて京域全てに条坊をしく形で構想したが、後に方針変更があって宮域を中央に設けるようになったとか、時期によって、条坊の及ぶ範囲に変動があったのではないか、といった議論である(七三ページ参照)。

こうした問題については、今後の発掘の進展に待つところが大きいのであるが、私は今のところ、次のように単純に考えて不都合はないと思っている。すなわち、京の造営工事に曲折があり、順調に進んだわけではないものの、計画段階から藤原京域は変わらず、また当初より宮の位置も想定されていた、基本的には一つの京であった、と。

そのことを前提とし、先に述べた宮内での発掘成果をもとに文献とあえて結びつけて造営の過程と年代を示せば、つぎのようになろう。

発掘で判明した「A先行条坊(古)→B先行条坊(新)→C運河→D藤原宮」という順序のうち、まずAを天武天皇五年の新城の初見記事にあてる。その場合「遂に都せず」とある語句は、計画のみで終わったのではなく、一部条坊道路の施工を行なったと解する。つまり、この年を京造営工事の開始とするのである。ところがそれは程なく中止となり、天武朝の後半に造営が再開する。それがＢである。文献では天武天皇十一年に再び登場する「新城」をＢにあてても良い。

Ａ・Ｂでは後の藤原宮域も含めて条坊道路を通したが、それは宮の場所を想定していなかったというよりも、いずれそこに宮を設ける予定ながら、直線道路の設定、あるいは排水等の都合によるものと考えることができる。

そしていよいよ天武末年にいたって、二里四方について宮の造営に着手する。そのため、まずは対象となる部分の条坊道路側溝を埋め、宮造営に必要な物資納入のために、運河を設けた（Ｃ）。天武天皇十三年「天皇、京師を巡行し、宮室の地を定む」とある史料が、ちょうど運河の遺物が示す年代に合致する点に注目したい。

さらに「藤原宮」の初見である持統天皇四年頃からは順次、宮の施設ができあがっていったものと思われる。これがＤにあたる。

大藤原京説

つぎに岸藤原京の外側でみつかる道路遺構の問題にうつる。

当初は、京域の内側と外側では道路の幅が異なり、外側の道路は幅が狭いというデータが示されたため、これは外から藤原京の大路などへ通じる京外の道路ではないか、という意見が出された。ところが、発掘事例が増えるにしたがって、京に通ずるところばかりでなく、より広範囲に、碁盤目状に道路遺構が見つかること、また、京の内外での道路幅は基本的に違わないことが確認されるようになり、京外道路説は成立困難となった。

そこで、岸復元藤原京を見直し、それよりも広い範囲に条坊制がしかれていたのではないかという「大藤原京」説が提唱され、現在にいたっている。「大藤原京」の範囲については、発掘事例の増加とともに変動し、また研究者によって説が分かれるが、図11にまとめたようないくつかの復元案が出されている。

図11の黒点の位置がこれまでに検出された条坊道路の遺構であり、これを見ると、確かに岸復元京よりは大きく外側にまで及んでいることがわかる。南方については、現状では道路遺構の検出がほとんどないが、これは丘陵にかかっ

●──図11　大藤原京復元諸説

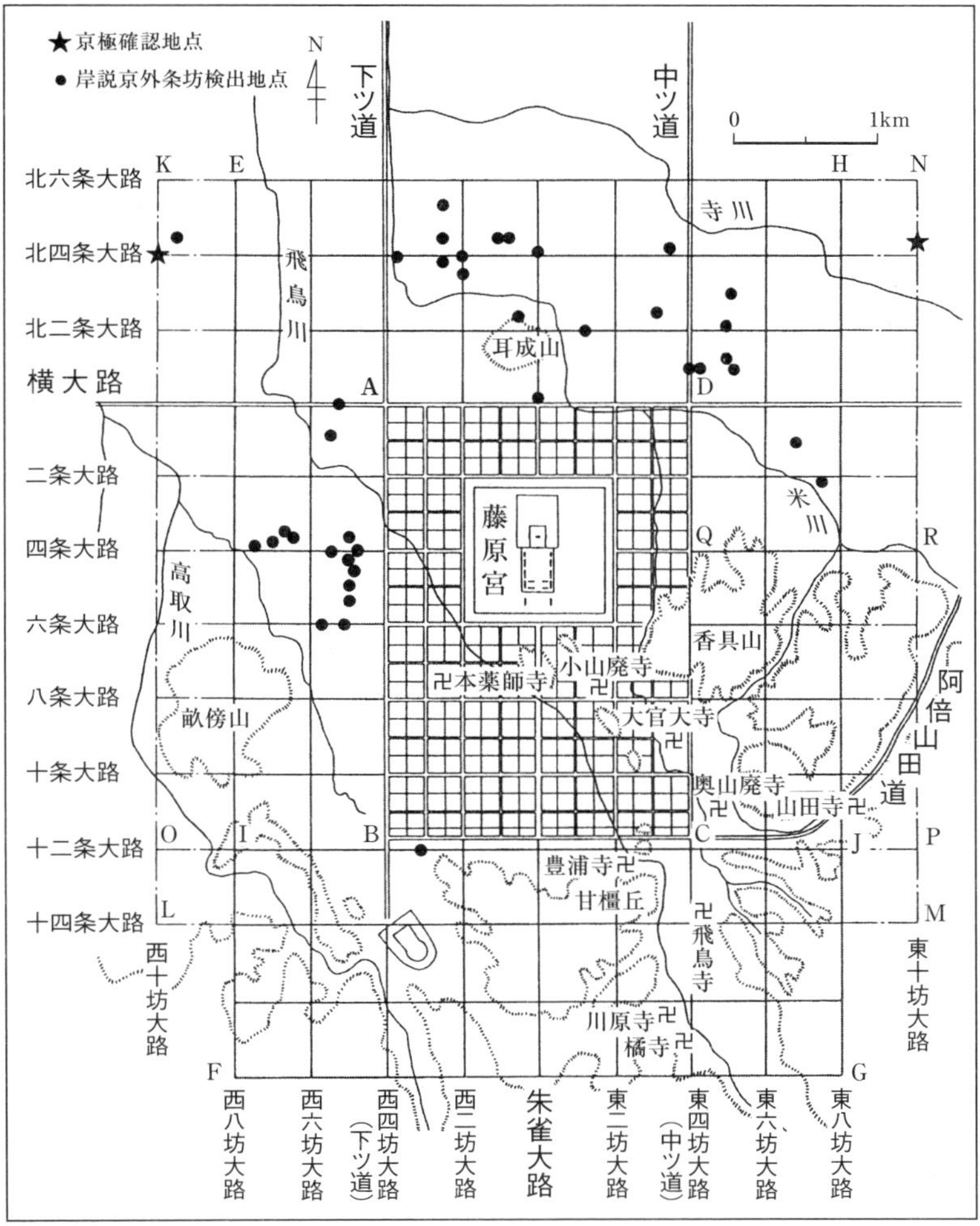

ＡＢＣＤ＝岸俊男　ＫＯＰＮ＝竹田政敬　ＥＦＧＨ＝阿部義平　ＫＬＭＮ＝小澤毅、中村太一
ＥＩＪＨ＝秋山日出雄
小澤毅「古代都市『藤原京』の成立」より。

てしまうためであり、平坦部の想定位置の調査が進めば、岸復元京より南に拡がる可能性は高い。いずれにせよ、今後もこうした事例は増加することであろうし、それによっておのずと京域も確定してゆくであろうが、現段階での研究を以下に紹介してみる。

研究者による大藤原京の復元案は、二つに大別することができる。それは、岸復元京域を何らかの形で生かす説と、まったくこれを認めない説である。

まず、岸復元京域を認める大藤原京説の典型として、秋山日出雄説がある。秋山は大藤原京を図11のＥＩＪＨと考えたが、一方で岸藤原京も認めてそれを「内城《ないじょう》」とし、その外側部分は「外京《げきょう》」と呼称している。つまり、京域が二重になっていたというのである。この説は比較的早くに発表されたもので、岸藤原京の内外で道路幅が違う、という点に着目したものであったが、その後の調査によってこの点が崩れると、成立が難しくなる。何よりも「内城」「外京」と区別する積極的な意味づけが不明確である。

つぎに、秋山説のように平面的に岸説を生かすのではなく、時間軸の中に生かす説もある。つまり、最初は岸藤原京だったのが、後に拡大されて大藤原京となったという拡大説、あるいは逆に大藤原京が、のちに縮小されて岸藤原京になったとする縮小説など、ある時期における岸藤原京の存在を認める説といえる。その代表的な研究として仁藤敦史説があげられる。

仁藤は、藤原京の変遷を三時期に区分し、天武朝の「新城」、持統朝の「新益京」、大宝以後の「藤原京」と区別して仮称している。それぞれの実態として、「新城」は浄御原宮に対応し飛鳥の北方に設定された不整形な京域で、中に宮域を想定しない段階、「新益京」は藤原宮を中核として大藤原京域に条坊制がしかれた段階、「藤原京」は大宝律令を契機に京域を岸藤原京域に縮小したものであるという。

これは、律令国家が次第に形成されてくるに伴って、官僚の居住空間が天皇のもとに集中・凝縮してくる、という方向性を明確に意識した議論である。また、先にも述べたように、大宝律令が大きな制度としての画期であることは認められるから、それに伴って都城も変化をとげたのではないか、という推測も十分にあり得ると思う。事実、藤原宮内における建物の造り替えが大宝令を契機としたものであった可能性が高い(三〇ページ参照)。しかし、そのことが京の全体に及び、しかもそれが「京域の縮小」という形をとったということの証明には必ずしもならないであろう。

仁藤説が成立するためには、岸藤原京の内外の時期差を示す材料が必要であろう。つまり、大藤原京域に含まれる遺物が基本的に七世紀末までであり、岸藤原京内の遺物は平城遷都直前まで残る、といった顕著な違いがあれば良いのであるが、近年の土器の研究によれば、両者はともに天武朝に始まり平城遷都まで存続したという見解が出されている。したがって、私はこの点を重視し、岸藤原京の内外における時期差を想定するのは難しいと考えている。

つぎに、岸藤原京を認めない復元案であるが、その最も典型的な説として阿部義平説を取り上げる。

岸の復元案では一坊が半里四方であり、四つの坪で構成され、平城京以後の一坊＝一里四方＝一六坪とは異なっている。しかし、この一坊が小さいという点は、実は岸の想定である古道を京極とし、そこから等分したということ以外に根拠はないのである。それに対して阿部の説は、藤原京においても基本単位である一坊の大きさが平城京と同じ一里四方であろうとする。そうした上で、

●条坊の数え方

色の濃い部分がそれぞれの一坊

岸俊男の条坊模式図

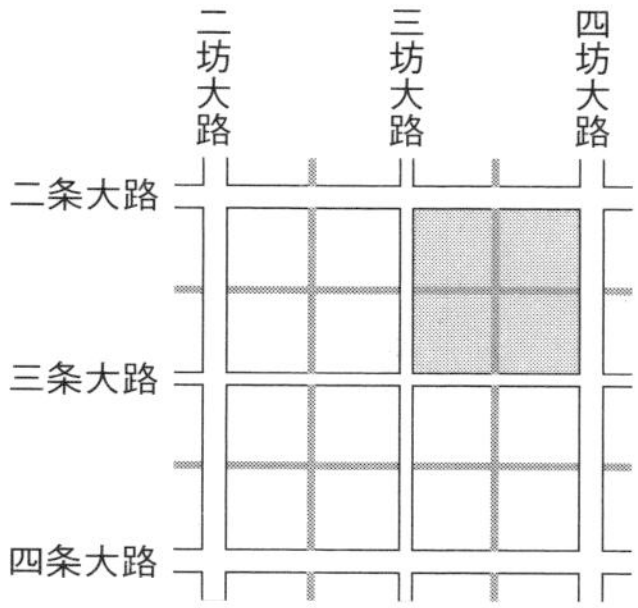

阿部義平の条坊模式図

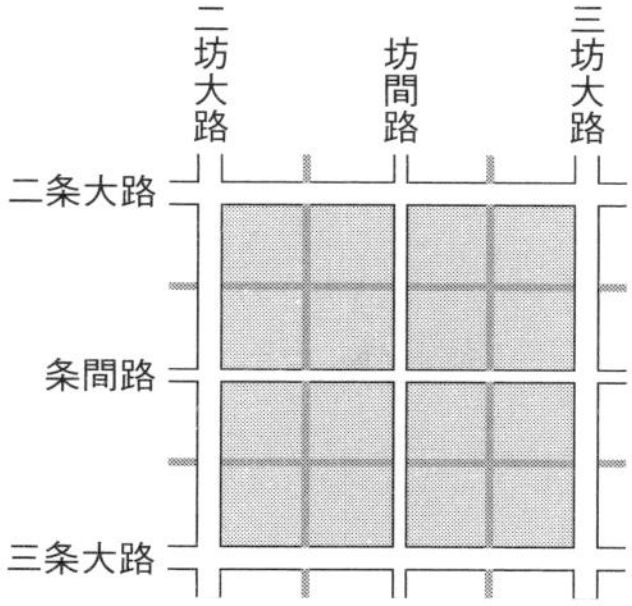

坊の数については、岸同様に東西八坊、南北一二条とし、図11のＥＦＧＨと設定した。すると、それまで発掘で検出された道路遺構のほとんどをその京内に取り込めることとなった。

また、岸の復元案でいえば、偶数条の大路幅は広く、奇数条のそれは狭いという発掘成果を紹介したが、一坊の大きさが異なれば、条坊の数え方も違ってくる。つまり阿部説では、岸のいう偶数条だけが大路で、奇数条は大路ではなく条間路（坊間路）となる。したがって、道路幅の違いは、大路とそれ以外の道路という説明がより説得力をもつこととなる。

こうした大藤原京説を採れば、岸が東西南北の京極と考えた古道は、京極ではなく、京内を通過することとなる。古道が京極になるという着眼は喜田貞吉以来のものであるが、かりにその道路が藤原京成立後も機能していたとすれば、それが京極である必然性はなく、むしろ京内の幹線道路に連続していたとみて一向におかしくない。そうした意味で、阿部の復元案は、岸説にとらわれることなく、発掘で明らかになった事実関係をもとに組み立てられた説として、論理的な説であると評価すべきであろう。

以上のような議論が続く中で、一九九六(平成八)年に至って、大きな発見があった。橿原市の土橋《つちはし》遺跡と桜井市の上之庄《かみのしょう》遺跡という二カ所の発掘調査で、大藤原京の東西両京極の位置が判明したのである(図11の★マーク)。つまり条坊道路の側溝がそこよりも外に伸びないことが初めて確認された。

その位置は、藤原宮の中軸から東西にそれぞれ二・六五キロメートル(＝五里)であり、岸の条坊呼称を仮に延長すれば、東西の「十坊大路」(阿部のいう平城京型の坊の大きさで数えれば五坊大路)が京極となる。従って、京域の東西幅は五・三キロメートルとなり、これは従来のどの大藤原京復元案よりも、また平城京以後の都城と比べても、大きいことになる。

そうなると、つぎは南北の京極を確認したいところであるが、現在まだ確定するに至っていない。いずれ判明することとなろうが、現段階で示されている最も有力な復元案は小澤毅(小澤一九九七)・中村太一による一〇里四方の案である。すなわち、南北も東西と同じく五・三キロメートルと考え、ちょうどその正方形の中央に藤原宮を配置するものである(図11のKLMN)。そうすると、現在まで確認された条坊道路の全てを中に含み込むことができ、なおかつ中国

▼『周礼』考工記　『周礼』は中国の経書の一つで、皇帝が天下を支配する際の理想的な行政組織を細かく記したもの。前十二世紀、西周の周公が制定したという伝説があるが、実際の成立時期は不明。考工記は六篇に分かれる『周礼』の一部である。

の伝統的な都造りの理念にも合致するという。

中国の伝統的な都とは『周礼《しゅらい》』考工記▲という書に「中央宮闕」「九経九緯」「面朝後市」といった語句で示されるように、正方形の都の中央に皇帝の宮があり、それを中心として、周囲に碁盤目状に道路が通じ、宮の前面に政治を行なう朝堂、後ろに市場を置く、というあり方である。

藤原京の範囲を正方形と考えた場合に一つ問題となるのは、これまでの論者が等しく前提としてきたように、大宝令の坊令《ぼうれい》の定員から推定する東西四坊、南北一二条という坊の数である。しかし、これは坊令が必ずしも東西に並ぶ四坊を担当するとみる必要がないと考えれば、一応の説明はできる。すなわち、坊数は東西南北各一〇坊で合計一〇〇坊、そこから中央の藤原宮部分(四坊)を引くと九六坊となり、坊令の定員四×一二×二(左右京)＝九六坊と数の上では合致するのである。

こうして見ると、現段階ではこの小澤・中村復元案を最も有力な説と認めてよかろう。本稿も、以下ではこれを前提として記述する。

こうした京域についても、発掘調査が進展すれば決着するであろうから、その成果が待たれるところであるが、是非とも南北京極の検出を目的とした発掘を早急に実施してもらいたいものである。

⑤—藤原京から平城京へ

藤原廃都

これまで見てきたように、恒久の都として営まれたはずの藤原京であったが、早くも、文武天皇の慶雲四(七〇七)年には遷都のことが朝廷で議論されるようになった。その文武が若くして亡くなると、遺子の首《おびと》皇子(後の聖武天皇)までのつなぎとして、文武の母が即位して元明天皇となった。元明は、和銅元(七〇八)年正月に奈良盆地北端の「平城《なら》」の地を新しい都と決定し、造営に着手。そして二年後の和銅三年三月、遷都の詔が出され、ここに藤原京は一六年間の歴史を閉じた。

この藤原京から平城京へ遷都した理由・事情については、様々なことが指摘されている。古くは喜田貞吉が次のa〜dの諸点をあげた。

a　藤原の地が大和三山に囲まれて狭小であり、また四方への交通に不便であったこと。

b　中央集権国家を建設してゆく上で、飛鳥地方の旧勢力の圧力をさける必要があったこと。

c　aに対して平城京は、地形がすぐれ、天子南面の相▲にも適合し、かつ難波などへ向かう交通の便が良いこと。

d　遷都を主導したのは藤原不比等《ふひと》とみられること。

その後に研究者によって指摘された主なものをつぎに列挙すると、

e　慶雲年間にしばしばおこった全国的な飢饉疫病《ききんえきびょう》に対し、遷都によって攘災招福《じょうさいしょうふく》を期待した(坂本太郎)。

f　dを深化させ、文武天皇没後の不安定な皇位継承問題に不比等が積極的に関与し、自分の別邸があった地に宮を誘致して首皇子の即位を目指した(林陸朗)。

g　大宝律令の制定を契機に急速に成長しはじめた中央集権的国家にふさわしい首都を建設するという政治的欲求(岸俊男)。

h　大宝二(七〇二)年に渡唐し、慶雲元年に帰国した粟田真人《あわたのまひと》▲を筆頭とする遣唐使▲による情報をもとにし、最新の都・長安城をモデルとした新たな都づくりが要請された(八七ページ参照)。

▼天子南面の相　中国では、皇帝が臣下に対面する時には北側に立ち、南を向くという考え方がある。そうした場合、宮の地形としては北が高く南へ傾斜しているのが理想的で、平城宮はこれにかなうが、藤原宮は逆に南が高い。

▼粟田真人　(?～七一九)六八一年に小錦下(従五位下相当)を授けられ、のち大宝律令の編修に参加、七〇一年遣唐執節使に任命され、翌年出発し、七〇四年帰国。参議をへて中納言にのぼり、正三位で没した。

▼遣唐使　遣隋使のあとを受けて、唐に派遣された外交使節。六三〇年の犬上御田鍬を第一回とし、八九四年に菅原道真の任命まで、二〇回計画されたが、長安まで行ったのは一三回であった。律令国家成立当初は、政治的な意味だけでなく、先進的な知識・文物をもたらしたという点で大きな意義があった。

等々がある。おそらく遷都の事情は複雑であり、単一の要因ではなく、a～hなどそれぞれが関連するのであろう。特に、平城の地が都城の立地という点で藤原京より優れているという指摘には異論がない。

しかし、以下では特に藤原京を廃すべき理由について、しばらく考えてみたい。というのは、右に挙げたaやgに関わるが、藤原京では狭くて本格的な都城としては不十分であったとする見方は「大藤原京」説が出てくる以前の説であり、藤原京が平城京に比べて小規模であったという前提のもとに提出されたものだからである。藤原京の規模が平城京と遜色ないものだったとすれば、その点に新たな理由づけが必要となるであろう。

藤原京の景観

まずは藤原京の景観を考えるために、当時京内に住んでいた人口▲を推定してみよう。ところがこれは意外に手がかりがなく、岸俊男が注目した『続日本紀』慶雲元(七〇四)年十一月二十日の記事がほとんど唯一の関係史料となる。すなわち、

▼京の人口　以下では藤原京の人口を推定するが、参考までに平城京の人口について述べる。かつては二〇万人という通説であったが、近年では一〇万人前後という説が有力となっている。ただし私はそれでも多すぎると考え、数万人程度と推定している。

始めて藤原宮の地を定む。宅の宮中に入れる百姓一千五百五烟《えん》に布を賜うこと差あり。

とある。藤原宮遷都から一〇年も経ったこの時期に「始めて藤原宮の地を定めた」というのはいかにも不審で、従来より様々に解釈されてきた難解な史料ではあるが、その問題はここではふれない。

岸は「宮中」に入る百姓の宅が一五〇五烟（＝戸）という点に注目した。これだけの戸数が藤原宮と重なるはずはないから、これは「京中」の誤りであり、藤原京域の全戸数が一五〇〇戸余であろうと推測したのである。とすれば、この数字に一戸あたりの家族数を掛け合わせれば、おおよその人口が算出できる。

それについては奈良時代の史料ではあるが、正倉院に残る「右京計帳《うきょうけいちょう》」をもとに一戸＝一六・四人とすると、おおよそ二万五〇〇〇人という数字になる。家族全員が京内に住んでいたのか、あるいは百姓以外の官人数をどの程度見込むか、といった様々な問題はあるが、かなりの誤差を見込んだ数字としては一応の目安にできると思う。

つぎに、藤原京に住む人に対する宅地の班給については、『書紀』持統天皇五

▼一町　条坊の最小単位。大藤原京(＝平城京型)の一坊を東西と南北に各四等分した一つ。一辺が約一三二メートル四方の面積となるが、道路に面した所では道路幅がとられるから、平均すると一万五〇〇〇平方メートルほどの広さである。

(六九一)年十二月八日条に次のように記されている。

右大臣に賜う宅地四町、直広弐《じきこうに》以上には二町、大参《だいさん》以下には一町、勤《ごん》以下無位にいたるまでは、その戸口に随《したが》え。それ上戸には一町、中戸には半町、下戸には四分の一。

つまり、官職や冠位に応じた広さの宅地を配分するが、勤位(大宝令では六位に相当)以下の下級官人や庶民は、家族数によって一町▲～四分の一町を支給するというのである。なお、上戸とは正丁八人以上、中戸は四人以上、下戸は二人以上の戸である。

これを、先の京内戸数にあてはめると、仮に一五〇〇戸の全てが下戸とした場合、三七五町、同じく中戸では七五〇町を占めることになる。前節の京域の話に戻れば、岸復元藤原京では藤原宮を除いた部分を全て合せても三二〇町にしかならず、これではそもそも面積が足りないわけである。一方、小澤・中村復元京域では、九六坊×一六＝一五三六町の広さをもつから、計算上は十分である。

以上、数字に不確定な要素は多いが、小澤・中村復元京域を前提にして、人口数は岸説をとって一五〇〇戸、二万五〇〇〇人を想定してみると、平城京と比べて極めて人口密度が低く、場所によっては閑散とした光景が広がっていたのではないかと推測できるのである。おそらく、官人たちの中には、新しい京ができたものの、そこへは移らず、それ以前から引き続いて飛鳥周辺に居住した者も相当にいたのではなかろうか。飛鳥から藤原宮へ通うことは十分可能な距離である。

大宝律令が完成し、それに伴って徐々に政府の機構が充実し、官人の人口が増加してゆくのはむしろこれから後のことであり、官人居住区として設定した藤原京は未だ集住が不徹底だったのではなかろうか。あるいは、初めての京域を設けるにあたって、適正な規模というものがわからずに、試行として一〇里四方という広大な面積を設定したにすぎないのではないかとも思われるが、この点は確証がない。

市の機能

つぎに、公設の市について見ておく。

平城京の場合には、左京八条三坊に東市、右京八条二坊に西市がおかれ、宮にあった諸官衙の必要物資の調達、あるいは京に居住する者の生活のために十分に機能をはたしていた。基本的に消費生活をおくる都市住民にとって、交易は不可欠であり、中でも東西市の存在は極めて大きかったと見られる。また、東西市は、それだけで完結するのではなく、近畿地方に拡がる中央交易圏、あるいは各地の国府周辺に存在した地方交易圏とも密接な繋がりをもち、それらがネットワークのようにして奈良時代の流通経済が機能していたことが明らかにされている。

ところが、藤原京の場合には、市の様相が十分に明らかでない。平城京と同じく東西市が置かれたのかといえば、『日本書紀』『続日本紀』には明記されず、わずかに平安時代末期に成立した『扶桑略記《ふそうりゃっき》』が大宝三(七〇三)年条に「この年、東西市を立つ」と記すのみである。大宝令に規定があったのは確かなのであるが、それがいつから、京内のどこに置かれ、どの程度機能したのかなどは確認できないのである。

わずかに、藤原宮出土の木簡によれば(前掲四六ページのg)、宮の北面中門や北面東門を通って「市」で糸を売買したことを示すものがあるから、平城京などとは異なって、宮の北方に市があったのかもしれない。ただし、この「市」が公設の東西市を指すのか、あるいは他の市なのかどうかも定かではない。

むしろ『万葉集』などによれば、古くから存在していた市として「海石榴市《つばきいち》」▲や「軽市《かるのいち》」▲が引き続き、藤原京の時代にも機能していたらしい。「海石榴市」は藤原京外の東北方、「軽市」は藤原京内の西南部に位置する。ともに、飛鳥に宮があった頃に交通の要衝にあって交易が盛んに行なわれていた場所である。

つまり、藤原京の場合には、平城京と比べて、官司機構が未発達なために必要経費が相対的に少なく、また都の住民の消費生活という点から見ても、公設の東西市をそれほど必要とする状況になかったのかも知れない。

このように見てくると、天皇の宮の周囲に人工的な街区を造って官人たちを住まわせるという初めての試みも、実施にうつしてみると、官人集住が不徹底であったり、あるいは官司・官人の必要に対応すべく東西市を設けたものの、それが十分には機能しなかったのではなかろうか。そして、それは官僚機構の未成熟という側面とともに、もう一つの原因として、飛鳥に近接するという地

▼海石榴市　奈良盆地の古道、横大路と上ツ道が交差するあたり、現在の桜井市金屋付近にあったと推定される市。近くを初瀬川が流れ、水陸交通の要衝に位置する。『書紀』(武烈天皇紀)や『万葉集』(巻一二、二九五一、三一〇一)によると、人々が相会して交易し、歌垣が行なわれたという。

▼軽市　下ツ道と阿倍山田道の交点にあった市。現橿原市大軽町。ここも「軽のチマタ」と呼ばれ、人々が多く往来し集まる場所であった(『万葉集』巻二、二〇七)。

理的な条件もあったのではなかろうか。藤原宮遷都は、飛鳥を捨てて宮が移ったのではなく、飛鳥に依存しながら拡大をはかったという側面も相当にみられ、それが「新益京《あらましのみやこ》」という名称にも表われているように思うのである。

唐制の導入

慶雲元(七〇四)年七月、遣唐執節使《けんとうしっせつし》、粟田真人が帰国した。彼は、大宝二(七〇二)年に三三年ぶりに派遣された遣唐使の最高責任者として、則天武后《そくてんぶこう》▲に謁見してきた。彼らの任務は、白村江《はくそんこう》の戦い▲以来途絶えていた唐との国交を回復すること、「倭」から「日本」へと国号の変更を認めてもらうこと、日本の国家としての充実ぶりを示すこと、中国の先進的な文物・制度を学ぶことなど、極めて重大だったはずである。

壬申の乱以後、天武・持統朝を通じて様々な方面で行なわれた制度改革は、浄御原令《きよみはらりょう》ついで大宝律令という形で完成し、初めての本格的な都城である藤原京を造営し、加えて独自の貨幣として「富本銭《ふほんせん》」という銅銭も発行、「文物の儀、ここに備われり」(『続日本紀』大宝元年正月元日条)という自負をもっての派遣であ

▼則天武后　(六二四〜七〇五)　中国史上唯一の女性皇帝。六五五年、唐の高宗の皇后となり、高宗の死後、実権を握った。六九〇年に即位し、国号を周と改めた。その後七〇五年にクーデタにあって退位し、国号は唐にもどった。この間、独自の文字である則天文字を制定し、わが国にも伝わった。

▼白村江の戦い　六六三年、朝鮮半島西南部の錦江で行なわれた日本・百済軍と新羅・唐軍との海戦。日本は戦いに敗れ朝鮮半島の足がかりを完全に失い、新羅・唐軍による侵攻の危機に陥った。そのため、都を近江大津宮に移し、北九州や瀬戸内沿岸を固めるとともに、中央集権的な国家の樹立が急がれることとなった。

った。

その粟田真人は、わが国の使者として初めて唐の長安城《ちょうあんじょう》の大明宮《だいめいきゅう》▲を訪れ、最新の都城を目にしたわけである。そこで彼は長安城が、わが藤原京と比べて、様々な点で違いのあることを実感したことであろう。

そもそも、日本の律令国家のモデルは、一般的に考えられているように、唐であったと見てよいのだろうか。これまでの理解は、つぎのようなものである。

養老律令は唐の開元令▲をもとにして作られたし、その前の大宝律令もこれと大差がない。また首都の平城京と唐の長安城とを比較すると、随所に類似点があり、規模の大小は別として、都城のモデルも唐であった。あるいは、和銅元(七〇八)年に鋳造された和同開珎《わどうかいちん》が皇朝十二銭▲の最初であり、それは唐の貨幣である開元通宝▲を参考にして作られた。このように、多くの面で日本と唐との共通点が指摘され、唐こそが我が律令国家の源流であると言われているわけである。

たしかに、七、八世紀に国家制度を整えようとした場合、東アジアにおいて先進的な国家としては中国以外に考えられない。また、奈良時代に限れば、右

▼**大明宮**　六六三年、唐の高宗が長安城の東北に隣接した高台につくった宮殿。以後、大極宮と大明宮が併存した。平城宮の中心部には、第一次朝堂院地区と第二次朝堂院地区という二つの区画があったが、これは唐の大極宮と大明宮の併存に倣ったもので、奈良時代前期の大極殿は大明宮の中心殿舎、含元殿をモデルにしている、という説が有力である。

▼**開元令**　唐代にはしばしば律令の改訂が行なわれたが、玄宗皇帝の開元年間の律令として、七一五年の開元三年令、七一九年の開元七年律令、七三七年の開元二五年律令がある。

▼**皇朝十二銭**　七〇八年の和同開珎から九五八年の乾元大宝まで、律令国家が発行した一二種の銅銭のこと。

▼**開元通宝**　唐初の六二一年に鋳造が開始された銅銭で、広く流通し、以後の銅銭の模範となった。

の指摘はそのまま当てはまると言って良い。しかし、私は律令国家の成立を二段階に分けて考えた方が良いのではないかと思う。つまり、天武・持統朝の七世紀後半段階と、文武・元明朝の八世紀初頭とを区分し、その間に方針の変更があったのではないか、ということである。

日本の都城が圧倒的に唐の影響を受けているという、それまでの通説に異を唱えたのは、本書に何度も登場した岸俊男である。岸は、平城京が唐の長安城の影響を強く受けていることは認めつつ、直接的には平城京は藤原京を前提にして成立しており、その藤原京と中国の都城とを比較すると、必ずしも唐の長安城とは似てなくて、むしろ北魏の洛陽城《らくようじょう》▲や東魏の鄴城《ぎょうじょう》▲に近いと指摘する。さらにそれを遡ると、『周礼』考工記などに見える中国都城の理想型の流れをくむのが漢から北魏にいたる諸城であり、隋の大興城《だいこうじょう》▲と唐の長安城はそれらに対して新しいタイプの都城だというのである。したがって、日本の都城は単純に唐・長安城を模倣したのではなく、それ以前の都城制も理解した上で設計・造営されたのではないか、と述べている。

非常に興味深い指摘である。これによれば、藤原京は長安城よりは、むしろ

▼北魏洛陽城　後漢の都であったが焼失、魏がこれを再建、西晋をへて、北魏が四九三年に再び造営にかかり翌年ここに遷都した。隋唐の洛陽は七世紀に入って、西一キロメートルのところに新たに造営されたものである。

▼東魏鄴城　鄴はいまの河北省臨漳県付近で、東西に流れる漳水の北に北城が、南岸に南城がある。魏の曹操が二〇四年に築城したことより始まる。その後、十六国時代の後趙・前燕の都をへて、五三四年、東魏がここを都とし、かつての旧城(北城)にたいして南に新城を築いた。

▼隋大興城　五八二年に隋の都として造営されたのが大興城である。隋の文帝は、それまであった漢以来の長安城の東南の龍首原に東西九七〇〇メートル、南北八六〇〇メートルもの大城郭を築き、これを継承したのが唐の長安城である。

▼国史の編纂　天武天皇は十(六八一)年二月、律令の編纂開始を命じると、翌三月には「帝紀および上古の諸事」を記録、校訂するよう命じた。これは六世紀以来朝廷でまとめられてきた帝紀・旧辞を再検討して、国史として編纂することを意図したものと見られる。その成果が八世紀初頭に完成する『日本書紀』であり、その出発点はこの詔であろう。

伝統的な中国都城の方に近いということになる。しかも、岸以後の発掘調査によって提起された大藤原京が、前記のように一〇里四方でちょうど中央に宮を配するとすれば、まさに『周礼』考工記の都城そのものである。それが、平城京を造る際に、宮を中央北端に置き天子が南面する「北闕型《ほっけつ》」に変更したのは、唐の長安城にならったためであろう。

それと同様のことは銭貨についても言えるのではなかろうか。

一九九八(平成十)年、奈良県明日香村の飛鳥池遺跡から大量の銅銭、富本銭が出土し、その年代が七世紀に遡り、和銅元年発行の和同開珎に先行するわが国最初の銅銭であったこと、そして、その富本銭が飛鳥池遺跡の工房で鋳造されたことも判明した。飛鳥池遺跡の工房は天武朝に操業を開始し、八世紀初頭には機能を停止するが、富本銭も天武朝に遡ると推定できる。すなわち『日本書紀』天武天皇十二(六八三)年四月十五日条に「今より以後、必ず銅銭を用いよ」とある「銅銭」＝富本銭であると考えられる。とすれば、天武天皇はその国家形成にあたり、律令の制定、国史の編纂▲、都城の造営などと同じく、「国家」の要件の一つとして貨幣の発行も必要と考えたのではなかろうか。

●──図12　飛鳥池遺跡と周辺の遺跡

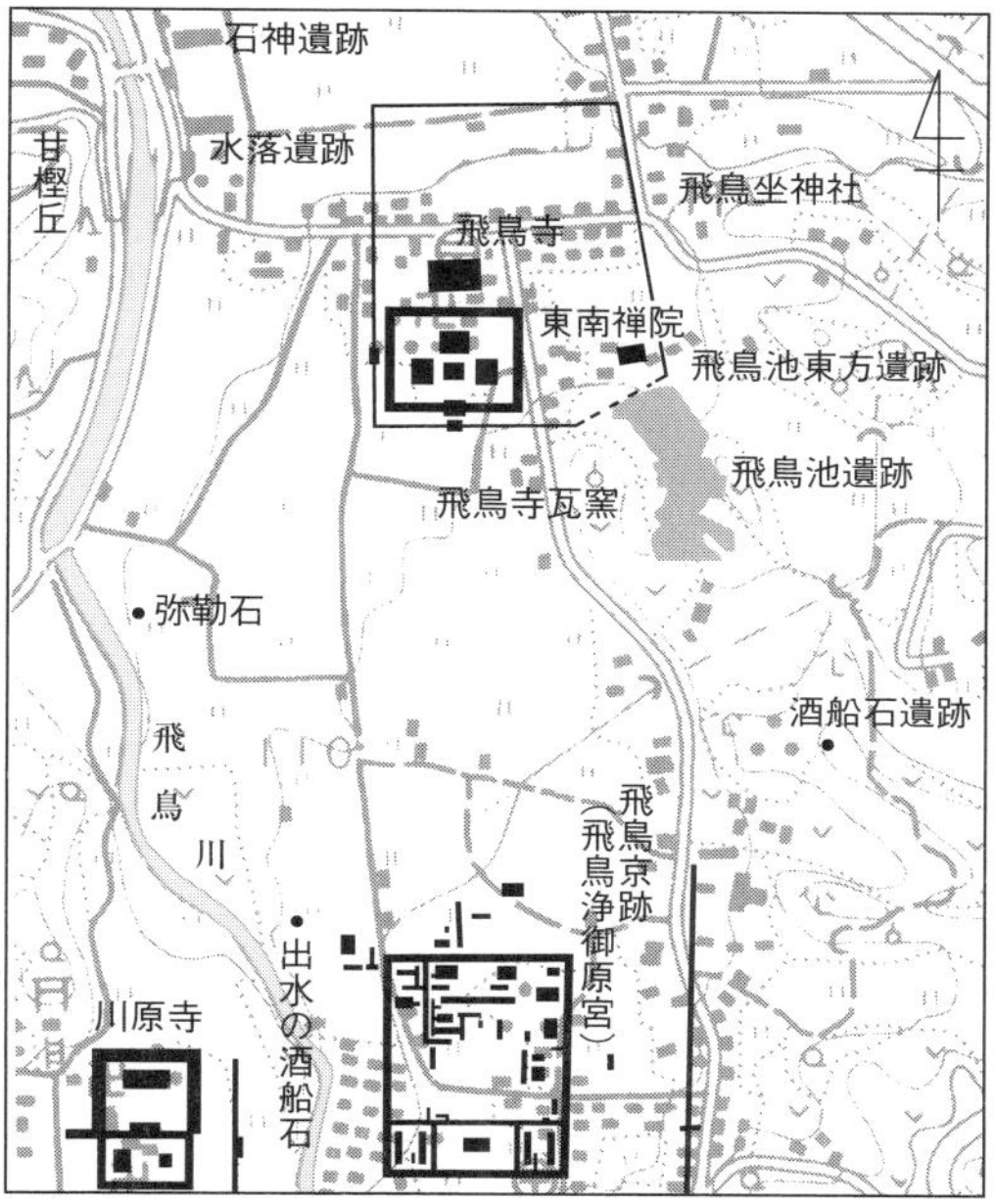

●──「天皇」号木簡

●──飛鳥池遺跡

飛鳥寺の東南にある遺跡。一九九一年に発見され、その後一九九六〜二〇〇〇年にかけて発掘調査が行なわれた。遺跡は谷筋に立地し、大きく南北二つに分けられる。南半部からは、多数の炉跡をはじめとする工房関係の遺構・遺物がみつかり、七世紀後半から八世紀初頭にかけての総合的な工房であったことが判明した。そこでは、金・銀・銅・鉄を材料とする金属製品、ガラス・瑪瑙・琥珀・水晶といった玉類、富本銭など多種多様なものが作られていた。

一方、塀で仕切られた北半部には工房は及ばず、大量に出土した木簡の内容などから、そこは飛鳥寺の関連施設であった可能性が高い。木簡は八〇〇〇点近くにのぼり、天武朝に遡るものを多く含む。最古の「天皇」号木簡を初めとして、貴重な文字資料である。

●──貨幣

五銖銭（隋）

開元通宝（唐）

富本銭

和同開珎

その富本銭のモデルとなった貨幣は何か。円形方孔で二文字の銭として思い浮かぶのは五銖銭《ごしゅせん》である。五銖銭は前漢の紀元前一一九年初鋳で、以後隋代まで鋳造が継続し、広く流通した中国古代の代表的な銭である。五銖銭は左右に印字されるのに対して富本銭は上下に文字がくるという違いはあるが、開元通宝など唐の銭よりは近似する。また「富本」という銭文の由来が、後漢の頃に五銖銭を復興すべきことを述べた武将のことばに「富民之本、在於食貨」（『晋書』食貨志）とあることによるのではないかという指摘があり、これを認めると両者の関係がより親密なものとなろう。したがって、最初の銅銭を発行する際にも、唐ではなくて伝統的な中国の貨幣を参考とした可能性が高いのである。

そうした点からすると、律令についても、浄御原令を制定した際には唐の律令ではなくて、それ以前の法令を参照していたのではないかと憶測したくなるが、これは浄御原令文がわからない現在、確かめようがない。

以上のように、天武朝が目指した国家というのは、全体として、最新の唐の制度というよりは、それまでの伝統的な中国の制度をもとにして作り上げようとした傾向がうかがえるのではなかろうか。その理由として考えられるのは、一つには情報不足である。先に述べたように、正式な国交がない三〇年余の間に、唐の情報が朝鮮半島を通じてどの程度伝わっていたのかが問題である。

あるいはまた、かりに知っていてそれを模倣しなかったとすれば、唐に対する見方といった問題もあろう。後世の我々は、唐が広大な領域をもち、三〇〇年も存続した大国であったことを知っている。しかし、七世紀の隣国人はそんなことは知らないはずである。唐は建国以来まだ五〇年しか経っていない新興国だったのである。中国南北朝時代▲以後の国々の盛衰を見れば、ひとり唐だけが群を抜いて優れた国だとは見ていなかったのかも知れない。そこで、天武朝の人々は、唐の制度も参考にはしたであろうが、それは圧倒的な影響をもつという程ではなく、それ以前の制度も含めて幅広く検討しながら、国家形成を進めたということではなかろうか。

大宝の遣唐使に話を戻すが、粟田真人の一行は実際に唐の都を訪れ、その偉容を目の当たりにして、大きな衝撃を受けたのであろう。そこはもはや新興国ではない「大唐帝国」だったのである。私は、さきに律令国家形成を二段階に分けて考えると述べたが、おおよそ、この大宝の遣唐使のころを境にして第二段

▼**南北朝時代**　四世紀初頭に西晋が滅んでから後、六世紀末に隋が統一するまでの約三〇〇年間は、中国の南と北に別の王朝がたち、それぞれが短期間のうちに交替する時代であった。この間、北では五胡十六国から北魏・東魏・西魏・北斉・北周、南では東晋・宋・南斉・遼・陳の各王朝が成立しては滅んでいる。

●—大明宮含元殿復元図

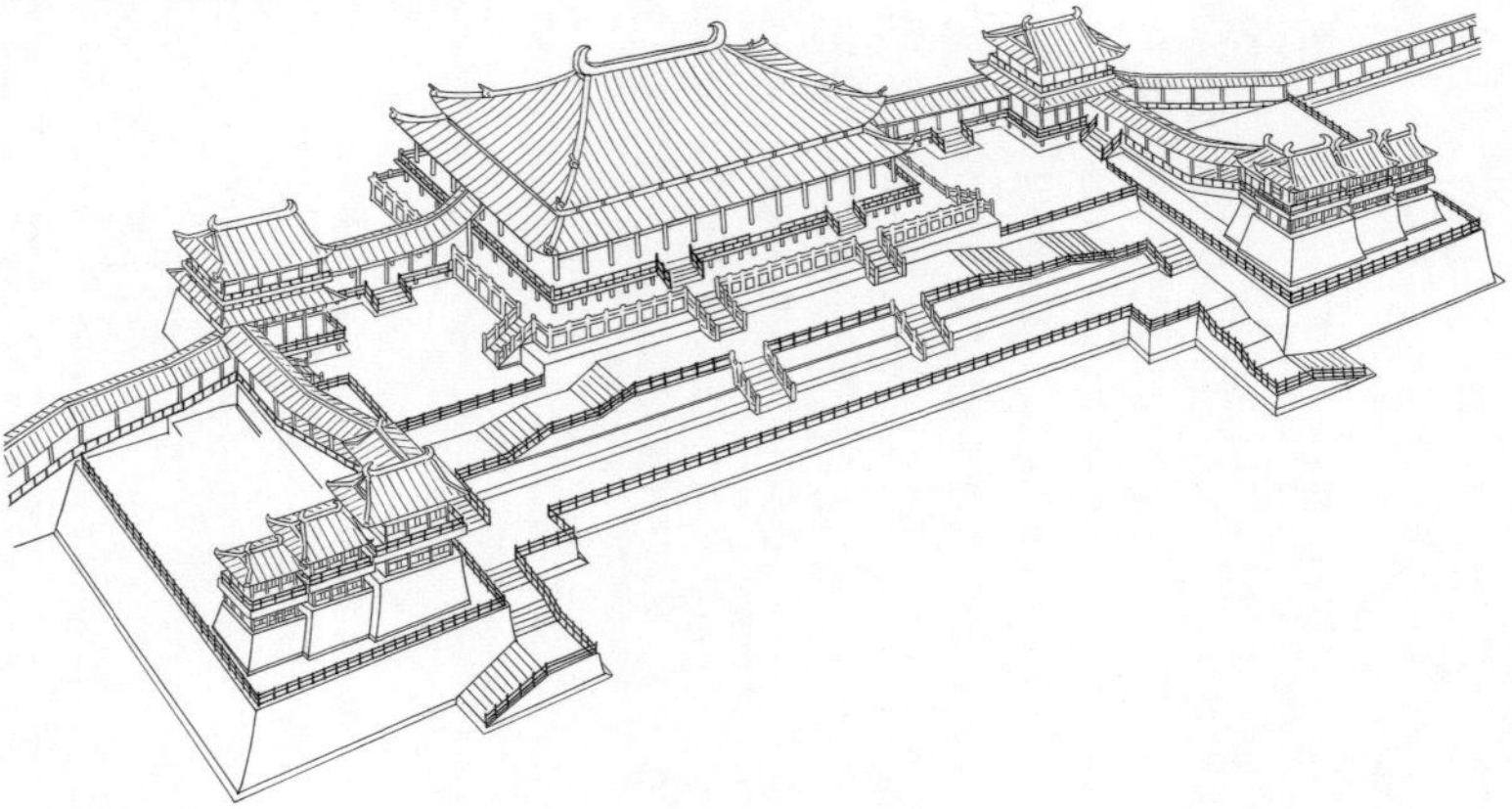

●—図13　唐長安城平面図

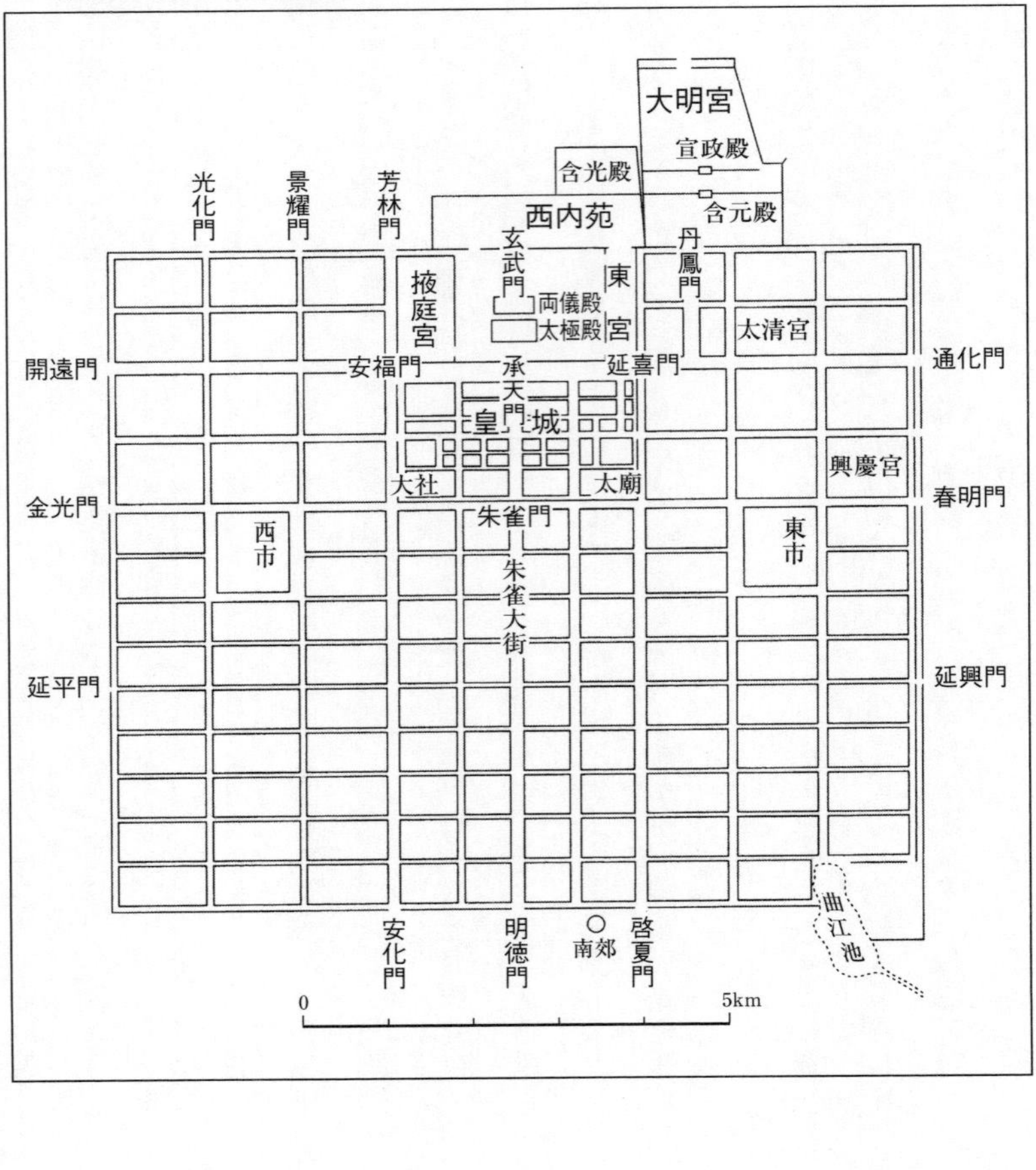

▼中納言　七〇五年におかれた令外官で、左右大臣・大納言・参議とともに国政を審議する職である。後世、これらを総称して公卿という。

階に入ると見ている。すなわち、国家のモデルとして、伝統的な中国というものから直接的な唐制の導入へ、という方針転換があったのではないか、と推定するのである。

粟田真人は帰国の翌年四月、中納言▲に任命されて国政を審議する立場に立った。その二年後には早くも遷都の議がおこっているから、彼の唐での見聞がその際に大きな影響力をもったという推定は蓋然性が高いといえよう。

和銅元(七〇八)年に始まった平城京の造営工事は急ピッチで進められ、二年後に遷都が行なわれた。それは、唐の長安城に倣った最新のタイプの都城であり、天皇の宮は京の北端、最も高い場所に位置し、南面することとなった。宮の内部構造も藤原宮とは大きく異なったものとなるのである。

平城遷都は、藤原宮を捨てるとともに、一〇〇年以上も慣れ親しんだ飛鳥からの離別でもあった。新しい都へ向かう途中で輿《こし》をとどめた元明天皇は、大和三山を振り返り次の歌を詠んだ。

飛ぶ鳥の　明日香の里を　置きて去なば
君があたりは　見えずかもあらむ　（『万葉集』巻一）

（明日香の里を離れて、奈良の都に去ってゆくが、行ってしまったならば、懐かしい君の住むあたりは、もう見えないことでしょうね）

こうして、飛鳥とともに藤原の地も古き都「ふるさと」になったのである。

奈良国立文化財研究所飛鳥資料館編『藤原宮 ── 半世紀にわたる調査と研究』1984年
仁藤敦史『古代王権と都城』吉川弘文館, 1998年
日本古文化研究所『藤原宮阯伝説地高殿の調査１』1936年
日本古文化研究所『藤原宮阯伝説地高殿の調査２』1941年
野村忠夫『研究史 大化改新』吉川弘文館, 1973年
橋本義則「『藤原京』造営試考」『研究論集 XI』奈文研, 2000年
花谷浩「寺の瓦作りと宮の瓦作り」『考古学研究』40−２, 1993年
花谷浩「藤原宮」『古代都城の儀礼空間と構造』奈文研, 1996年
林陸朗「平城遷都の事情」『国史学』81, 1970年
林部均『古代宮都形成過程の研究』青木書店, 2001年
八木充『研究史　飛鳥藤原京』吉川弘文館, 1996年
吉田孝『日本の誕生』岩波新書, 1997年
吉田孝『日本の歴史２ 飛鳥・奈良時代』(岩波ジュニア新書), 岩波書店, 1999年
渡辺晃宏『平城京と木簡の世紀』(日本の歴史４), 講談社, 2001年

●─図版所蔵・提供者一覧(敬称略, 五十音順)

橿原市教育委員会　p. 19
岸みさ子・『日本政治社会史研究』(塙書房)より転載　p. 54左
奈良文化財研究所　カバー表, カバー裏, 扉, p. 32, p. 45, p. 64, p. 68, p. 91

製図：曾根田栄夫
イラスト：橋本哲

●──参考文献

秋山日出雄「藤原京の京域考」『考古学論攷』4，橿原考古学研究所，1980年

阿部義平「新益京について」『千葉史学』9，1986年

井上和人「古代都城制地割再考」『研究論集Ⅶ』，奈文研，1984年

井上和人「飛鳥京域論の検証」『考古学雑誌』71－2，1986年

大脇潔「藤原京京域復原論」『文学・芸術・文化』9－2，近畿大学文芸学部，1998年

小澤毅「伝承板蓋宮跡の発掘と飛鳥の諸宮」『橿原考古学研究所論集　第九』吉川弘文館，1988年

小澤毅「平城宮中央区大極殿地域の建築平面について」『考古論集』潮見浩先生退官記念事業会，1993年

小澤毅「古代都市『藤原京』の成立」『考古学研究』44－3，1997年

小澤毅「本薬師寺の造営と藤原京条坊」『条里制・古代都市研究』15,1999年

狩野久・木下正之『飛鳥藤原の都』岩波書店，1985年

狩野久『日本古代の国家と都城』東京大学出版会，1990年

川越俊一「藤原京条坊年代考」『研究論集 XI』，奈文研，2000年

岸俊男『日本古代宮都の研究』岩波書店，1988年

岸俊男『日本古代文物の研究』塙書房，1988年

岸俊男『日本の古代宮都』岩波書店，1993年

喜田貞吉『喜田貞吉著作集第五巻　都城の研究』平凡社，1979年

鬼頭清明『古代木簡と都城の研究』塙書房，2000年

栄原永遠男『天平の時代』（日本の歴史4），集英社，1991年

栄原永遠男『奈良時代流通経済史の研究』塙書房，1992年

島田敏男「藤原宮」『都城における行政機構の成立と展開』奈文研，1997年

田中琢編『古都発掘』岩波新書，1996年

寺崎保広「古代都市論」『岩波講座　日本通史』5巻，岩波書店，1995年

直木孝次郎・鈴木重治編『飛鳥池遺跡 ── 富本銭と白鳳文化』ケイ・アイ・メディア，2000年

中村太一「藤原京と『周礼』王城プラン」『日本歴史』582，1996年

奈良県教育委員会『藤原宮』1969年

奈良国立文化財研究所『藤原宮木簡1』1978年

奈良国立文化財研究所『藤原宮木簡2』1981年

奈良国立文化財研究所『奈良国立文化財研究所年報2000－Ⅱ』2000年

日本史リブレット 6
藤原京《ふじわらきょう》の形成《けいせい》

2002年3月25日　1版1刷　発行
2020年9月5日　1版6刷　発行

著者：寺崎保広《てらさきやすひろ》

発行者：野澤伸平

発行所：株式会社 山川出版社
〒101－0047　東京都千代田区内神田1－13－13
電話 03(3293)8131(営業)
03(3293)8135(編集)
https://www.yamakawa.co.jp/
振替 00120-9-43993

印刷所：明和印刷株式会社

製本所：株式会社 ブロケード

装幀：菊地信義

Printed in Japan ISBN 978-4-634-54060-6

日本史リブレット 第Ⅰ期［68巻］・第Ⅱ期［33巻］ 全101巻

1 旧石器時代の社会と文化
2 縄文の豊かさと限界
3 弥生の村
4 古墳とその時代
5 大王と地方豪族
6 藤原京の形成
7 古代都市平城京の世界
8 古代の地方官衙と社会
9 漢字文化の成り立ちと展開
10 平安京の暮らしと行政
11 蝦夷の地と古代国家
12 受領と地方社会
13 出雲国風土記と古代遺跡
14 東アジア世界と古代の日本
15 地下から出土した文字
16 古代・中世の女性と仏教
17 古代寺院の成立と展開
18 都市平泉の遺産
19 中世に国家はあったか
20 中世の家と性
21 武家の古都、鎌倉
22 中世の天皇観
23 環境歴史学とはなにか
24 武士と荘園支配
25 中世のみちと都市
26 戦国時代、村と町のかたち
27 破産者たちの中世
28 境界をまたぐ人びと
29 石造物が語る中世職能集団
30 中世の日記の世界
31 板碑と石塔の祈り
32 中世の神と仏
33 中世社会と現代
34 秀吉の朝鮮侵略
35 町屋と町並み
36 江戸幕府と朝廷
37 キリシタン禁制と民衆の宗教
38 慶安の触書は出されたか
39 近世村人のライフサイクル
40 都市大坂と非人
41 対馬からみた日朝関係
42 琉球の王権とグスク
43 琉球と日本・中国
44 描かれた近世都市
45 武家奉公人と労働社会
46 天文方と陰陽道
47 海の道、川の道
48 近世の三大改革
49 八州廻りと博徒
50 アイヌ民族の軌跡
51 錦絵を読む
52 草山の語る近世
53 21世紀の「江戸」
54 近代歌謡の軌跡
55 日本近代漫画の誕生
56 海を渡った日本人
57 近代日本とアイヌ社会
58 スポーツと政治
59 近代化の旗手、鉄道
60 情報化と国家・企業
61 民衆宗教と国家神道
62 日本社会保険の成立
63 歴史としての環境問題
64 近代日本の海外学術調査
65 戦争と知識人
66 現代日本と沖縄
67 新安保体制下の日米関係
68 戦後補償から考える日本とアジア
69 遺跡からみた古代の駅家
70 古代の日本と加耶
71 飛鳥の宮と寺
72 古代東国の石碑
73 律令制とはなにか
74 正倉院宝物の世界
75 日宋貿易と「硫黄の道」
76 荘園絵図が語る古代・中世
77 対馬と海峡の中世史
78 中世の書物と学問
79 史料としての猫絵
80 寺社と芸能の中世
81 一揆の世界と法
82 戦国時代の天皇
83 日本史のなかの戦国時代
84 兵と農の分離
85 江戸時代のお触れ
86 江戸時代の神社
87 大名屋敷と江戸遺跡
88 近世商人と市場
89 近世鉱山をささえた人びと
90 「資源繁殖の時代」と日本の漁業
91 江戸の浄瑠璃文化
92 江戸時代の老いと看取り
93 近世の淀川治水
94 日本民俗学の開拓者たち
95 軍用地と都市・民衆
96 感染症の近代史
97 陵墓と文化財の近代
98 徳富蘇峰と大日本言論報国会
99 労働力動員と強制連行
100 科学技術政策
101 占領・復興期の日米関係